Musique et vie

Une étude des relations entre nous et la musique

Thomas Whitney Surette

Writat

Cette édition parue en 2024

ISBN : 9789359946917

Publié par
Writat
email : info@writat.com

Contenu

INTRODUCTION

Au cours des vingt ou trente dernières années, on a assisté aux États-Unis à une augmentation considérable de ce que l'on pourrait appeler la musique « institutionnelle ». Nous avons construit des opéras, nous avons formé de nombreux nouveaux orchestres et nous avons établi l'enseignement de la musique dans presque toutes nos écoles et collèges publics et privés, de sorte qu'une personne occasionnelle observant tout cela et entendant de bouches vantardes combien de millions par an nous dépensons pour la musique, et en additionnant les différentes colonnes en un seul grand total, on pourrait arriver à la conclusion que nous sommes réellement un peuple musical.

Mais celui qui regarde sous la surface, qui réfléchit que la chose que nous croyons et la chose que nous aimons, ce que nous faisons, devrait également faire une somme sous forme de soustraction ; il faudrait se demander quelle musique il y a dans nos propres foyers. Il constaterait que dans nos villes et nos villages, un pourcentage infinitésimal seulement des habitants chante ensemble pour le plaisir de le faire, et que la tâche de maintenir la cohésion des sociétés chorales [Pg xii] est plus difficile que jamais ; que la musique à laquelle nous ne participons pas, mais que nous écoutons simplement, est la musique qui fleurit ; que nos chanteurs d'opéra, les mieux payés du monde, viennent chaque année chez nous de l'étranger et nous chantent dans des langues que nous ne pouvons pas comprendre ; que, en bref, même si la musique fleurit, une grande partie est achetée et une petite partie est fabriquée à la maison. La déduction est évidente. Cette musique institutionnelle est une sorte de largesse de notre prospérité. Nous sommes suffisamment riches pour acheter ce que le monde a de mieux à offrir. Nous instituons la musique dans nos écoles publiques et manifestons notre intérêt pour elle une fois par an, au moment de la remise des diplômes. Nous voyons nos enfants prendre des « cours de musique » et jugeons du résultat également par leur capacité à nous jouer occasionnellement un petit morceau très sympa. Les hommes, en particulier, tous chanteurs potentiels et *ayant un grand besoin de chanter* , considèrent cela comme une activité légèrement efféminée ou à peine naturelle et virile. La musique est en somme trop notre divertissement et trop peu notre salut.

Et pour évaluer correctement la valeur de nos activités musicales, nous devrions également considérer la qualité de la musique que nous entendons ; et cela, par rapport aux sommes que nous avons faites , pourrait complètement bouleverser nos chiffres, car cela changerait leur signification fondamentale. Car si c'est de la mauvaise musique, plus nous en entendons parler, plus notre situation se détériore. Si une ville dépense trente mille dollars par an en mauvaise musique dans les écoles publiques, elle perd environ soixante mille dollars. Si votre enfant acquiert péniblement une dextérité mécanique (ou acquiert une dextérité mécanique douloureuse) en jouant du piano et n'apprend presque rien en musique, vous perdez le double de ce que vous payez et votre enfant paie deux fois pour sa souffrance. Ce qu'on appelle « être musical » ne peut être transmis à quelqu'un d'autre ou à quelque chose d'autre ; vous ne pouvez pas être musicien par procuration – par l'intermédiaire d'une autre personne, de tant de milliers de dollars, de fierté civique, de tout autre moyen parmi les nombreux que nous employons. Être musical ne consiste pas nécessairement à jouer de la musique ; il s'agit plutôt d'un *état* d'être que tout individu entendant a naturellement le droit d'atteindre à un degré plus ou moins grand.

Telles sont les conditions musicales auxquelles nous sommes confrontés, et telles sont les possibilités qui s'offrent à nous. Mon objectif est donc de suggérer des moyens d'améliorer cette situation et de réaliser ces possibilités ; et, comme base nécessaire à toute suggestion de ce genre, considérer d'abord la nature de la musique elle-même. Est-ce simplement une titillation de l'oreille ? Mozart, Beethoven et Schubert ne sont-ils que des pourvoyeurs de friandises ? La musique consiste-t-elle en une étonnante dextérité d'interprétation ? Est-ce, comme le dit Whitman, « ce qui s'éveille en vous lorsque les instruments vous le rappellent » ? Ou a-t-il une vie propre, autonome, expressive et complète ? Ces questions doivent être posées – et répondues – avant que nous puissions formuler une méthode quelconque pour améliorer notre situation musicale.

On ne leur demande pas. Nous suivons aveuglément les pratiques conventionnelles ; nous faisons peu d'efforts pour comprendre les nombreux problèmes délicieux que nous présente chaque écoute de musique ; nous nous laissons décourager chaque fois que nous entendons un orchestre jouer ; nous ne faisons aucun pas en avant sur la voie de la compréhension. Beethoven était un cœur, un esprit, une volonté et une imagination ; nous, en écoutant, absorbons son émotion et presque rien d'autre. Ses éclats grotesques nous mettent mal à l'aise, tout comme un solécisme de comportement. Ses thèmes étranges, bizarres, grossiers et extraordinaires, dont chacun s'intègre parfaitement dans son plan, nous laissent nous demander ce qu'il veut dire. Son sentiment, toujours *relatif* à son humour ou à sa rudesse, ne se comprend que par lui-même.

Nos enfants, après des années d'étude de la musique conventionnelle, sont enfin amenés à entendre un concert d'orchestre. Un grand homme doit leur parler. Il n'utilise pas de mots. Ce qu'il a à dire se manifeste sous la forme d'une myriade de sons, tantôt doux, tantôt forts, tantôt rapides, tantôt lents. Ce que l'enfant entend est ce qu'on appelle *la musique* , apparemment une simple succession de sons, en réalité une vision de ce qu'un grand homme a vu de toutes ces choses intérieures de la vie que lui seul peut vraiment voir.

Ces sons forment un ordre parfait. Leur âme même peut se cacher dans le son particulier du hautbois ou du cor ; ils changent de signification une douzaine de fois en autant d'instants ; de minces filaments les parcourent comme dans une toile de fée. L'enfant reste bouche bée. "Est-ce que c'est de la musique?" ça dit; "Je pensais que la musique était les touches noires et blanches, ou le fait de tenir ma main droite, ou les gammes, ou la touche de fa ou de sol, ou les sonatines, ou quelque chose comme ça." Personne ne lui a jamais dit ce qu'est réellement la musique. Elle n'a pour guide que ses sentiments délicats, tendres et enfantins. [Pg xvi] Ce qu'elle a fait ressemblait peut-être aussi peu à la musique que la grammaire ressemble à la littérature.

L'enfant comme l'adulte doivent être mis en contact avec la musique ; avec un mouvement rythmique dans toute sa délicieuse diversité ; avec de grands thèmes musicaux et les usages qui en sont faits par les compositeurs ; avec des formes musicales grâce auxquelles des morceaux de musique sont rendus cohérents ; avec des harmonies dans leurs états primaires, ou mélangées en mille teintes. Ils doivent apprendre à écouter, de sorte qu'au fur et à mesure que la musique se déroule, se produise en eux un développement qui soit la réponse exacte aux processus qui se déroulent dans la musique. Tout cela ne peut être réalisé que par une intention.

C'est donc le but de ce livre d'amener le lecteur, par la capacité qu'il possède, à une telle compréhension de l'art musical qui lui rende chaque partie intelligible. Et comme certains lecteurs peuvent avoir peu de connaissances en musique, ce livre tente également d'exposer les fondements communs sur lesquels repose tout art, et d'inciter ceux qui s'intéressent aux autres arts à devenir curieux de la musique. La curiosité est un élément nécessaire à l'intelligence humaine.

CHAPITRE I QU'EST-
CE QUE LA MUSIQUE ?

I. DISTINCTION ENTRE LA MUSIQUE ET LES AUTRES ARTS

Toute discussion sur l'art musical, sur sa signification par rapport à nous-mêmes, sur ses qualités esthétiques ou sur les méthodes d'enseignement, pour être complète, doit être basée sur une reconnaissance claire de la seule qualité importante qui est inhérente à l'art musical. ce qui le distingue des autres arts et qui lui donne sa puissance particulière. La peinture et la sculpture sont définitives. Il n'est pas possible de créer une grande œuvre dans l'un ou l'autre de ces médiums sans un sujet pris sur le vif ; car, aussi imaginative que soit l'œuvre, elle doit représenter quelque chose. En peinture, par exemple, l'âme même d'une croyance religieuse peut briller sur la toile, comme dans la Madone Sixtine, mais cette croyance ne peut y être présentée sans incarnation physique. Et lorsque l'incarnation physique est réduite à ses termes les plus simples, comme dans certains tableaux de Manet, la nécessité de la représentation demeure ; La merveilleuse lumière et la couleur opalescente de Manet doivent tomber sur un objet. Turner peint un paysage mystique, une vallée mythologique, telle qu'elle hante les rêves des poètes, mais il lui est impossible de produire l'illusion *par elle-même* ; la vallée est une vallée, les êtres humains sont là. La sculpture, qui fait ses effets par la perfection de ses rythmes autour d'un axe et par ses ombres, effets à la fois les plus subtils et les plus élémentaires, doit elle aussi représenter ; l'émotion doit prendre forme et substance, et cette forme doit être tirée du monde extérieur et visible.

En poésie, les mêmes limites existent. Elle aussi doit aborder la vie humaine avec une certaine précision. Mais la plus grande poésie lutte continuellement pour se débarrasser du vêtement de la réalité et libérer l'âme de ses entraves. Il frémit au bord de la musique, cherchant des mots pour ce qui ne peut être dit, et atteignant une grande partie de son sens par une euphonie sublime. La didactique est sa tombe.

Avant d'essayer de décrire la qualité particulière qui distingue la musique, il conviendra d'énoncer très clairement ce qu'elle ne peut pas faire. Cela peut être mieux compris par une comparaison entre elle et la poésie, qui de tous les arts est le plus proche de la musique, car elle existe dans l'élément temps, tandis que la peinture et la sculpture existent dans l'espace. La poésie est composée de mots disposés en sens et en euphonie. Chacun de ces mots signifie un objet, une idée ou un sentiment ; le mot « chaise », par exemple, désigne désormais un objet sur lequel on peut s'asseoir. Or, alors que les notes de musique reçoivent certains noms alphabétiques indiquant une hauteur déterminée par des ondes sonores, l'utilisation de ces lettres est arbitraire et n'a aucun lien avec leur signification hiéroglyphique et hiératique originale. Le son musical que nous appelons *a* , par exemple, ne signifie rien en tant que son, n'a aucune signification commune, convenue ou archéologique. Combinez la note *a* avec *c* et *e* dans ce qu'on appelle l'accord commun et vous n'avez toujours aucune signification ; combinez *a* avec d'autres notes et formez à partir d'elles une mélodie, et vous obtenez peut-être une beauté et une cohérence de forme, une séquence agréable de sons, mais toujours aucune signification telle que celle que vous obtenez de la combinaison de lettres dans un mot comme « chaise ». » Combinez *a* avec un grand nombre d'autres notes dans une symphonie, et cette cohérence et cette beauté peuvent devenir des effets tout à fait merveilleux, mais elles restent néanmoins intraduisibles en d'autres termes et sans la signification définie que l'on atteint en combinant des mots dans des poèmes. Nous disons donc que les notes n'ont aucune signification en elles-mêmes ; que les phrases musicales n'ont pas de sens comme les phrases dans le langage ; que les mélodies ne sont pas des phrases, et les symphonies ne sont pas des poèmes.

Si l'on compare la musique avec la peinture ou la sculpture, on retrouve à peu près le même contraste. Tout comme la musique ne veut rien dire au sens où les mots le font, elle n'a pas de « sujet » au sens où l'entendent The Fighting Téméraire de Turner ou David de Donatello. Il ne s'agit pas d'objets. Il ne peut pas représenter un navire ou une étoile. Il peut sembler flotter, il peut clignoter un instant, mais il ne décrit ni n'expose. De plus, il ne peut pas, à proprement parler, exprimer des idées. Il est peut-être si sérieux, si ordonné, si égal – comme chez Bach – qu'on dit que son compositeur était un philosophe, mais aucun élément de sa philosophie n'apparaît. C'est surtout amoral, [1] et sans croyance ni dogme. On ne peut guère insister trop sur cette qualité négative de la musique, car c'est dans ce handicap même que réside sa plus grande vertu. Je reviendrai plus loin sur la tendance fréquente des auditeurs à éviter d'affronter ce problème en attachant leurs propres significations à la musique qu'ils entendent. Je dois seulement noter en passant que ces soi-disant « significations » s'accordent rarement, et que cette habitude est le résultat soit de l'ignorance du véritable office de la musique, soit de la lassitude mentale à son égard. « Il ne suffit pas de s'amuser devant une œuvre d'art », dit Joubert ; "vous devez en profiter."

Or, la seule qualité distinctive de la musique est la suivante : elle trouve sa perfection en elle-même, sans relation avec d'autres objets. C'est ce qu'il est en soi. Ce n'est pas définitif ; il n'utilise pas de symboles d'autre chose ; il ne peut pas être traduit en d'autres termes. Le poète cherche toujours une union complète de la chose dite et de la manière de la dire. Flaubert cherche patiemment et obstinément le mot qui non seulement soit le symbole exact de sa pensée, mais qui corresponde à son euphonie. Le peintre dessine ainsi ses objets, distribue ainsi ses couleurs et dispose sa composition de manière à en faire des supports plastiques pour l'expression de sa pensée, et la grandeur de son tableau dépend d'abord et inévitablement de sa capacité à fusionner ses sujets. avec sa technique. En sculpture, le même processus se déroule exactement. Aucun de ces arts ne copie réellement la nature ; chacun « l'arrange » pour son propre usage.

En musique, cette union tant recherchée de la matière et de la manière est complète ; la chose dite et la manière de la dire sont une et indivisible. C'est, comme le dit Pater, « l'idéal de tout art quel qu'il soit, précisément parce qu'en musique il est impossible de distinguer la forme de la substance ou la matière, le sujet de l'expression ».

II. LES ÉLÉMENTS DE LA MUSIQUE

L'élément primordial de la musique est la vibration. Les ondes sonores dans une séquence ordonnée – silencieuses jusqu'à ce qu'elles frappent nos oreilles – sont transformées par notre ingéniosité et notre sens de l'ordre en motifs de beauté. Ils existent dans le temps et non dans l'espace. Ils sont en mouvement. Et ces vibrations sont la substance même de toute vie ; des étoiles dans leur course, des battements du cœur, des communications mystérieuses des nerfs au cerveau, de la lumière, de la chaleur, de la couleur. Les arts plastiques sont statiques. La peinture a le pouvoir

"donner

À un moment béni arraché à un temps éphémère

Le calme approprié de la bienheureuse éternité.

La sculpture est un mouvement capturé dans un moment de perfection. La musique est un mouvement toujours parfait. Ce rythme existe aussi dans la littérature et les autres arts. Poe ne serait rien sans cela ; Whitman l'utilise dans de longues ondulations gonflantes qui sont parfois presque impossibles à distinguer ; la composition d'un grand tableau est un rythme ; l'Apollo Belvedere est tout en rythme. Mais en musique, le rythme est une propriété physique et mouvante ; le rythme dans l'être, pas le rythme pris dans un équilibre. Les possibilités du jeu rythmique en musique dépassent de loin celles de la poésie, car dans cette dernière le sens serait obscurci par trop de complications rythmiques. Il serait impossible de faire en poésie, par exemple, ce que Beethoven fait au début d'un mouvement dans un de ses quatuors à cordes [2], où le violoncelle, tout seul, répète quinze fois une note en deux groupes rythmiques ; il n'y a ni mélodie ni harmonie – simplement un son rythmique réitéré. Il est également impossible pour la poésie de présenter simultanément trois ou quatre rythmes différents, comme le fait souvent la musique ; les rythmes poétiques ne peuvent pas non plus véhiculer une perturbation rythmique complète dont tout le sens esthétique réside dans ses relations avec un rythme permanent qu'il viole momentanément, comme c'est le cas dans le premier mouvement de la Troisième Symphonie de Beethoven. Bref, le rythme en musique a une diversité, une flexibilité et une vigueur physique sans précédent dans aucun autre art.

La mélodie en musique consiste en une séquence de sons uniques courbés vers une certaine ligne de beauté. Alors que le rythme est concevable sans aucune qualité intellectuelle, en tant que manifestation purement physique, la mélodie implique un certain sens du design, puisqu'elle progresse d'un moment à un autre, et sans le design ne serait qu'une série de sons incohérents. Dans cette conception, le rythme joue un rôle prépondérant, et les thèmes présentant l'équilibre rythmique le plus parfait sont les plus intéressants. Des exemples de mélodies diverses mais hautement coordonnées peuvent être trouvés dans le mouvement lent de la sonate pour pianoforte de Beethoven, opus 13, et dans le quatuor pour pianoforte de Brahms, opus 60, dont la qualité synthétique ressemble à celle d'une phrase finement construite. Melody, en tant que design, témoigne consciemment de la personnalité de son créateur. Schubert, par exemple, ressemble à Keats et représente le type d'énonciation purement lyrique. Bach, au contraire, est essentiellement un penseur et ses mélodies sont pleines de rythmes vigoureux et diversifiés.

Le chant populaire fut le début de ce que nous appelons la « mélodie », et les meilleurs spécimens de chants populaires sont tout aussi parfaits dans leur petite gamme que le sont les plus grandes œuvres des maîtres. Leur contour et leur rythme sont parfois aussi délicatement équilibrés que le mécanisme d'un bel instrument. Et quand on se souvient que ces mélodies étaient l'expression spontanée de peuples simples et incultes qui, pour les former, dépendaient presque entièrement de leur instinct, on se rend compte à quel point la musique est un médium intime pour l'expression des sentiments. Des personnes qui ne savaient ni lire ni écrire et qui avaient peu de connaissances ou d'expérience en matière d'objets artistiques pouvaient néanmoins créer des œuvres d'une beauté parfaite grâce au son.

L'harmonie est un complément aux deux autres éléments. C'est dans la musique un peu ce qu'est la couleur dans la peinture. Contrairement à la longue ligne mélodique et aux impulsions régulières du rythme, l'harmonie traite des masses. La mélodie transporte l'esprit d'un point à un autre ; l'harmonie frappe simultanément et produit une sensation immédiate. Son effet sur nous est probablement dû à une subtile correspondance physique en nous avec des combinaisons de sons provenant directement de la nature. Toute l'histoire de la musique montre une assimilation progressive par l'être humain de nouvelles combinaisons de sons, et il est probable que seuls les premiers chapitres de cette histoire ont été écrits.

Nous avons parlé de la qualité synthétique de la mélodie, et il est évident que plus la portée de la musique est grande, plus cette qualité devient importante. Lorsqu'un compositeur crée une sonate ou une symphonie, il doit disposer tout son matériel — rythmes, mélodies et harmonies — de manière à donner à l'œuvre une parfaite cohérence. Une œuvre d'art exprimée dans l'élément temps a plus besoin de cette synthèse qu'une œuvre exprimée dans l'espace. Car bien qu'il n'y ait pas de « sujet » dans la musique, la beauté se dévoile néanmoins et le besoin d'une expression cumulative et coordonnée de celle-ci est tout aussi grand qu'il le serait si la musique « parlait » de quelque chose. Il existe différentes manières d'agencer le matériel musical de manière à atteindre cet objectif. Le principe principal de sa synthèse découle de la nature volatile du son lui-même. La voici : aucune série de sons formés en mélodie ne peut survivre longtemps à la substitution d'autres séries, à moins que la première ne soit reformulée, ou au moins rappelée. Il en résulte que dans la musique ancienne, il y avait une alternance d'une phrase ou d'un air avec un autre ; et cela fut suivi à son tour par toutes sortes d'expériences tendant à amener de la variété dans l'unité. (Ces formes simples ressemblent quelque peu à ce que l'on appelle en poésie le triolet.) La forme la plus courante en musique est triple. On le retrouve dans les chansons populaires, les marches, les menuets, les nocturnes, etc. et, dans des proportions considérables, dans les mouvements symphoniques. Dans les chansons populaires, cette forme consiste à répéter une première phrase après une seconde contrastée. Dans les menuets, les nocturnes, les romances, etc., chaque partie est une mélodie complète en soi. Dans un mouvement symphonique, la première partie – sauf exceptions notables comme le premier mouvement de l'Héroïque de Beethoven – contient tout le matériel thématique, la seconde contient ce qu'on appelle le « développement » du matériel énoncé dans la première, et la troisième partie reprend la première avec les changements qui lui donneront une nouvelle signification.

C'est dans cette qualité synthétique que réside une grande partie de la grandeur de la musique symphonique. Aucune autre qualité, aussi belle soit-elle en elle-même, ne peut la remplacer. Schumann, par exemple, a créé à profusion des thèmes intéressants et beaux, mais ses compositions aux formes plus larges manquent d'une synthèse complète. Bach était le plus grand maître à cet égard. L'ordre de ses matériaux est si parfait qu'il donne cette impression d'inévitabilité qui distingue partout le grand art. Il est évident que l'on trouvera des parallèles avec cette forme dans la littérature, car elle fait partie de la vie et de la nature. C'est la jeunesse, la virilité et la vieillesse ; c'est le lever du soleil, midi et le coucher du soleil ; c'est le printemps, l'été et l'hiver. Il doit en être ainsi ; car l'art n'est que la vie en termes de beauté, et la vie humaine n'est que la nature s'exprimant en termes d'homme et de femme. C'est donc ce que nous appelons musique : le rythme, la mélodie et l'harmonie disposés en formes de beauté, existant dans le temps.

C'est sans sens, c'est sans « sujet », c'est sans idée. Il crée un monde qui lui est propre, fictif, fabuleux et hors de propos – un monde sonore, évanescent mais indestructible.

III. L'IMPORTANCE DE LA MUSIQUE

La musique traite avant tout de sentiment ou d'émotion. Mais puisque l'émotion peut être guidée par l'esprit et transfusée par l'imagination, puisque l'émotion n'est pas une partie séparée et isolée de notre être, de même la musique peut être tellement ordonnée par l'esprit et transfusée par l'imagination qu'elle devient intellectuelle et spirituelle. imaginatif. Il est vrai que la plus grande partie de la musique produite et interprétée ne traite que d'émotion, mais cela est également vrai de la littérature. Le roman populaire est constitué de neuf dixièmes d'émotion, d'un dixième d'esprit et le reste d'imagination. Il en va de même pour la musique, même si les inventions illogiques que l'on trouve constamment dans de nombreux romans populaires seraient intolérables dans n'importe quelle musique. Puisqu'il semble y avoir une incongruité entre l'affirmation selon laquelle la musique n'a pas de signification définie et l'affirmation selon laquelle elle est intellectuelle, prenons une illustration spécifique et voyons si nous ne pouvons pas concilier cette apparente contradiction.

Il faut tout d'abord distinguer la qualité elle-même et l'expression de la qualité. Une personne peut avoir un esprit rempli de sagesse et être complètement ce que nous appelons « intellectuel », sans jamais s'exprimer par un mot parlé ou écrit. Sa sagesse existe par elle-même et pour elle-même, entièrement séparée de son expression. S'il s'exprime, et avec habileté, on appelle cette expression littérature, mais, en tout cas, cela reste sagesse. Et qu'est-ce que la sagesse ? C'est ce que M. Eliot décrit comme étant une éducation libérale : « un état d'esprit » ; c'est la fusion de la connaissance avec l'expérience, avec le sentiment et avec l'imagination.

Or, les mots sont des symboles dont l'efficacité diminue à mesure qu'ils tentent d'entourer le sentiment et l'imagination. Si le sage a froid, il peut dire : « J'ai froid » ; mais s'il veut vous parler de son idée de Dieu, il n'a pas de mots adéquats pour cela, parce qu'il a affaire à quelque chose qui n'est pas du seul domaine de la connaissance – qu'il peut ressentir, ou peut-être imaginer, mais qu'il ne peut pas définir. . La raison seule n'atteint même jamais le cercle lointain de cette perfection que nous croyons exister, et les subtiles relations intérieures entre l'homme et le monde visible et invisible refusent d'être exploitées par le langage. Pour cela, il trouve son expression dans une certaine forme de beauté. « Le beau, dit Goethe, est une manifestation des lois secrètes de la nature qui, sans cette apparence, nous auraient été à jamais cachées. »

Nous disons donc que dans la sagesse, les qualités que nous appelons perspicacité, sentiment et imagination doivent trouver pour elles-mêmes un moyen d'expression plus plastique que le langage. Et lorsque ce médium plastique, bien que non définitif, possède les qualités de cohérence, de continuité et de forme qui sont essentielles à toute expression intellectuelle, nous avons le droit de le qualifier d'« intellectuel ». Prenons pour notre illustration spécifique le premier mouvement de la Neuvième Symphonie de Beethoven. Il est impossible d'imaginer cela comme une simple expression de sentiments, épargnée par la pensée ou l'imagination. La conclusion inévitable à laquelle arrive toute personne qui le comprend est que le sentiment est absolument contrôlé par l'esprit et que c'est l'imagination qui lui donne son effet extraordinaire. Comparez-le avec le premier mouvement de la « Symphonie Pathétique » de Tchaïkovski où l'émotion se déchaîne ; la différence est aussi grande que celle entre « Victory » et « The Deemster ». Comparez-le avec une symphonie de Mendelssohn, et le contraste est aussi frappant qu'entre un roman de Meredith et un roman de Miss Braddon. La musique de Beethoven contient avant tout des thèmes dont toute personne parfaitement réceptive ressent la portée comme profonde. (Le fait que ces thèmes n'impressionnent pas autant les autres est dû soit à l'atrophie de la faculté musicale, soit à la lassitude mentale, soit au manque d'expérience de la grande musique.) Ces thèmes sont présentés de manière à non seulement rendre l'ensemble du mouvement entièrement cohérent. , mais pour lui donner le sentiment de se précipiter vers une conclusion inévitable. Leur traitement est si intensif que presque la totalité des cinq cents mesures ou plus découlent du thème ou de la thèse originale, longue d'une quinzaine de mesures. Il est si imaginatif qu'il semble rassembler toutes les choses liées dans le ciel et sur la terre et les fusionner en une seule. Bref, il faut dire que cette musique émane de l'esprit d'un grand homme, qui a soumis l'émotion au contrôle de la volonté et qui a exercé cette fonction la plus élevée de l'esprit qu'on appelle imagination.

Ne pouvons-nous donc pas dire que c'est cela la sagesse ? Devons-nous le nier parce qu'il ne peut être épelé mot à mot ? Ne devrions-nous pas plutôt dire que la musique est un moyen d'exprimer la sagesse la plus profonde, celle qui défie toute expression catégorique ? Ne pouvons-nous pas accepter la formule de Schopenhauer : « La musique est une image de la volonté » ? Ne sommes-nous pas fondés à affirmer que la musique est même l'expression de la relation la plus profonde avec le monde visible et invisible que l'âme de l'homme est capable d'éprouver, et que ces relations, inexprimables dans des manifestations plus concrètes, sont exprimables dans la musique ? Le pathos, la résignation et le courage du premier mouvement de la Neuvième Symphonie de Beethoven ne sont ni les siens, ni les vôtres, ni les miens ; ce sont les qualités elles-mêmes dans leur être infini, plus vraies, plus nobles, plus pures que la sienne, la vôtre ou la mienne. Ne pouvons-nous donc même pas aller jusqu'à dire que la musique nous révèle les vérités les plus profondes de la vie humaine ; que « cela vient », comme le dit Symonds, « parlant de la plus haute sagesse dans un langage que notre raison ne comprend pas parce qu'il est plus ancien, plus profond et plus proche que la raison ?

IV. « LA BEAUTÉ EST LA VÉRITÉ, LA VÉRITÉ LA BEAUTÉ »

J'ai déjà dit que les autres arts ont pour idéal cette fusion du sujet et de l'expression qui est complète dans la musique, et j'ai dit en outre que le but ou l'objet de la musique est de présenter une émotion ordonnée et guidée par l'esprit et éclairée par l'esprit. imagination. Sous ce dernier rapport, tous les arts se ressemblent. C'est dans la nature même de leur être qu'ils cherchent à découvrir le cœur du grand secret. Le but de la peinture et de la sculpture n'est pas de présenter les objets comme des objets, mais de les présenter dans une perfection harmonieuse de lignes, de couleurs et de rythmes qui révélera leur signification la plus profonde. Les plus grands exemples des arts plastiques ne peuvent être compris à travers la perception sensorielle des objets. Rembrandt est un plus grand peintre que Bougereau, non seulement parce qu'il possède une technique supérieure, mais aussi parce qu'il a une vision plus profonde. C'est pourquoi le « sujet » en peinture est relativement peu important.

C'est la même chose avec la littérature. Dans « Jane Eyre », le « sujet » est plus tangible et plus vivant que dans « Villette », mais ce dernier est le meilleur livre, car la compétence technique est plus grande et la perspicacité plus profonde. « Il n'y a pas de bons ni de mauvais sujets », dit Hugo ; "Il n'y a que de bons et de mauvais poètes." Tout sujet est intéressant lorsqu'un maître l'expose dans toute sa signification. Une douane est une chose prosaïque, et une douane qui n'a ni exportations ni importations, mais seulement quelques vieux retraités endormis qui somnolent au soleil, pourrait passer pour un sujet ennuyeux pour un écrivain ; mais l'imagination de Hawthorne et la subtilité de son expression littéraire lui confèrent à la fois beauté et signification. Même les actes les plus nobles et les plus tragiques trouvent leur meilleure justification dans une sublime harmonie de beauté. Les Grecs le savaient bien. Euripide, dans Les Troyennes, met sur les lèvres d'Hécube ces mots :

« S'il ne nous avait pas retournés dans sa main et n'avait pas poussé

Nos choses élevées se sont abaissées et ont secoué nos collines comme de la poussière,

Nous n'avions pas eu cette splendeur, et notre tort

Une musique éternelle pour la chanson

De la terre et du ciel ! [3]

Les actes, les monuments, les villes et les civilisations disparaissent dans le néant, mais quelques mots, ou une musique interprétée par un artiste, vivront pour toujours. La bataille de Gettysburg ne deviendra qu'un paragraphe de l'histoire, les causes pour lesquelles elle a été combattue ne seront plus rien, mais les paroles prononcées par Lincoln seront préservées pour toujours, non pas parce qu'elles étaient sages, mais parce qu'elles étaient sages et belles.
.

Il n'y a pas d'échappatoire à cette condition. Il arrive qu'un grand écrivain se moque de la beauté, pour finalement prouver que sa propre permanence en dépend. Carlyle, par exemple, était plus caustique que d'habitude lorsqu'il parlait de poésie. Son commentaire sur « L'anneau et le livre » de Browning était le suivant : « Un livre merveilleux, l'un des plus merveilleux jamais écrits. Je l'ai relu entièrement, tout cela à partir d'une histoire de « Old Bailey » qui aurait pu être racontée en dix lignes, et qui ne demande qu'à être oubliée. Pourtant, la meilleure partie de « Sartor Resartus » est sa beauté, et il y a dans « La Révolution française » de nombreux passages d'imagerie poétique et de caractérisation tout à fait parfaites sans lesquels il perdrait une grande partie de sa valeur. Ce que nous appelons « Carlyle » n'est plus un homme ; ce n'est pas non plus une philosophie, ni une histoire ; ce n'est rien d'autre qu'un *style*, une manière de dire les choses — un mélange individuel, caractéristique et étrange de dur et de doux, de haut et de bas, de rude et de tendre, le tout aux prises avec une conscience puritaine. Nous disons donc que la beauté est la pierre angulaire par laquelle toute vie est testée.

Aucun jeu ne peut être parfaitement joué à moins que les mouvements physiques ne soient chronométrés avec beauté ; aucune machine n'agira qu'en parfaite synthèse ; aucun caractère n'est fort tant qu'il n'a pas atteint une harmonie en lui-même. La beauté est la matrice dans laquelle la vie sera finalement façonnée.

Toutes les formes d'expression artistique exigent donc que nous considérions l'objet non pas comme un fait mais comme de l'art. S'il s'agit d'un fait — c'est-à-dire simplement d'un objet ou d'un événement isolé — il reste insignifiant jusqu'à ce qu'un artiste le rattrape dans le domaine plus vaste auquel il appartient et le présente sous une forme de beauté. Si nous acceptons cette conception de tous les arts comme recherchant le sens intérieur des choses, comme décrivant la vie dans son essence plutôt que dans ses manifestations extérieures, nous pourrons comprendre le pouvoir particulier de la musique. Il devient alors non seulement une série de sons arrangés de manière à être euphoniques et agréables à l'oreille, mais un livre de vie qui contient l'expression ultime de notre instinct et de notre sagesse. La Troisième Symphonie de Beethoven, par exemple, nous offre une présentation plus convaincante de la lutte héroïque que l'on ne trouve dans les autres arts ou dans la littérature, d'abord parce qu'elle a le pouvoir de la présenter dans l'élément temps, qui est un partie essentielle de tout acte héroïque; deuxièmement, parce qu'il le présente comme une qualité dissociée d'un héroïsme particulier et donc élevée en type et rendue éternelle ; et troisièmement, parce qu'il le présente en conjonction avec ces autres qualités sans lesquelles il ne peut y avoir d'héroïsme du tout. (Car aucune qualité de la vie ni aucun élément de la nature n'existe pour nous autrement que comme le contraire ou l'envers de quelque chose d'autre. Ce que nous appelons la lumière n'est compréhensible que comme le contraire des ténèbres ; l'amour est le contraire de la haine, le froid de la chaleur, etc. .)

Chacun des autres arts possède une ou deux de ces qualités ; aucun ne les a tous. Le romancier, par exemple, peut utiliser le premier et le dernier mais pas le second. « Vittoria » de Meredith est une présentation idéale de la lutte pour l'unité italienne, mais l'héroïsme qui constitue l'essence du livre doit trouver son expression à travers des personnes réelles. Ainsi, la plus grande vertu de la musique ne réside pas seulement dans son unification particulière de la matière et de la manière, dans sa perfection artistique, mais dans le pouvoir que cela lui donne de créer un monde non pas basé sur l'extérieur et le visible, mais sur ce domaine invisible de la pensée. , le sentiment et l'aspiration qui sont notre monde réel. Car s'il existe un fait historique certain, c'est que depuis les temps les plus reculés jusqu'à aujourd'hui, l'homme a continuellement cherché à échapper à la réalité, à construire un monde parfait d'une beauté idéale qui devrait apaiser son éternel mécontentement face aux imperfections et aux incohérences de l'univers. sa propre vie. C'est dans la nature même de sa situation qu'il doit chercher quelque part la perfection. Il a donc essayé de peindre cette perfection sur toile, idéalisant la vie et la nature pour en faire une forme satisfaisante de beauté ; ou bien il a sculpté une perfection physique dans le marbre pour se déifier et se donner une place dans la nature ; ou bien il s'est construit un monde de mots magiques dans lequel tous ses rêves les plus nobles s'efforcent de s'exprimer. Partout et toujours, il a eu ce rêve qui l'a sauvé quand tout le reste avait échoué. Et les plus nobles de ses rêveurs sont ceux dont l'imagination a transcendé les limites du réel et l'a mis en relation avec l'inconnu.

La musique, obéissant aux grandes lois qui sous-tendent toute vie et auxquelles sont soumis tous les arts, ayant pour moyen d'expression le plus plastique de tous les médias, dépendant de la perception intuitive de la vérité, non obligée de perpétuer les objets, s'occupant de cette plus grande partie de l'être de l'homme qui se cache à la fois sous ses actes et ses pensées, ce que Carlyle appelle « le domaine profond et insondable de l'Inconscient », la musique est le seul moyen parfait pour ce rêve de l'humanité. Dans son expression des émotions humaines, il jouit de l'avantage inestimable d'une totale inutilité. Il n'est pas nécessaire qu'il développe un caractère ou une personne, mais seulement un attribut ou une qualité. La symphonie « Eroica », par exemple, a toute la force d'une épopée mythologique dans laquelle les héros sont de purs types spirituels de l'humanité, sans âge ni époque – des dieux, si vous voulez, et au-dessus des limites humaines.

C'est la qualité de la musique qui nous la rend précieuse. Il construit pour nous un monde *immatériel* – non fait d'objets, ni de théories, ni de dogmes, ni de philosophies, mais d'esprit pur – un moyen d'échapper à l'esclavage de chaque jour.

NOTES DE BAS DE PAGE :

[1] Il peut, bien entendu, être utilisé avec des moules ayant une signification définie ; mais nous parlons de musique pure.

[2] Le Scherzo de l'Opus 59, no. 1.

[3] Traduction de Gilbert Murray.

CHAPITRE II
MUSIQUE POUR ENFANTS

I. FORMATION DU SENS DE LA BEAUTÉ

Dans ce que j'ai à dire sur la musique pour enfants, je n'oublie pas la diversité de la vie américaine et l'idée répandue selon laquelle les Américains ne prêtent pas beaucoup d'attention à la musique (ou à toute autre forme de beauté) parce qu'ils vivent dans un nouveau monde. pays dans lequel la plus grande partie de leur énergie est consacrée à soumettre la nature et à bâtir leur fortune. En tant que nation, on dit que nous sommes trop divers pour avoir développé une quelconque pratique esthétique précise, et nous pensons que nous sommes trop occupés par les choses pratiques de la vie pour y prêter beaucoup d'attention.

S'il est sans doute vrai qu'il existe d'innombrables familles américaines prospères dans lesquelles les mots « art » et « littérature » ne signifient absolument rien, cette situation n'est pas due, dans la plupart des cas, à un manque de temps, mais à un manque d'envie. Comme les autres, nous faisons ce que nous aimons faire. Aucune véritable attention n'est accordée dans l'enfance à cultiver l'amour du beau ; on n'y prête que très peu d'attention dans les établissements d'enseignement où nous sommes formés ; ainsi nous grandissons et entrons dans la vie avec un goût décousu pour la musique, avec un manque évident d'appréciation pour la poésie et avec presque aucun intérêt pour la peinture ou la sculpture.

Et cet état est susceptible d'augmenter plutôt que de diminuer avec le temps, jusqu'à ce que, étant enfin arrivés à des moments de loisir et constatant que ni notre argent ni aucun autre bien matériel ne nous procure une satisfaction profonde ou permanente, nous nous tournons vers la beauté uniquement pour être confronté au vieil avertissement : « Trop tard, vous ne pouvez pas entrer maintenant ». Car nous sommes arrivés au moment où, selon la phrase de Meredith, « la nature s'arrête et nous dit : « Tu es maintenant ce que tu seras ». Car cette capacité de comprendre et d'aimer les grands livres, les grandes peintures et la musique doit croître avec notre propre croissance et ne peut être reporté à une autre saison. L'Américain moyen n'est censé pas avoir de temps à consacrer à ces choses-là. Il a du temps, mais il refuse d'en faire un loisir, un loisir qui signifie contemplation et réflexion, bien qu'il sache très probablement que cela a été accompli à maintes reprises par des hommes qui ont économisé dans ce but une vie bien remplie. peu de temps chaque jour.

On se souvient de la déclaration pathétique de Darwin dans laquelle il décrit son amour précoce pour la poésie et la musique, et la perte totale de ces « capacités » par négligence. « La perte de ces goûts, dit-il, est une perte de bonheur et peut éventuellement nuire à l'intellect et plus probablement au caractère moral en affaiblissant la partie émotionnelle de notre nature. »

L'intellect de l'homme, en lui-même, n'est jamais suprême ou suffisant. Le sentiment ou l'instinct est la moitié de la connaissance. "Quiconque marche un kilomètre sans sympathie", dit Whitman, "marche vers sa propre cérémonie funéraire dans son linceul." De tout homme, américain ou autre, qui vit sa vie sans se soucier de toute beauté, nous pouvons dire à juste titre, comme Carlyle a dit de Diderot : « Il a vécu toutes ses journées dans une mince couche de conscience ; le domaine profond et insondable de l'Inconscient sur lequel l'autre repose et a sa signification n'a été sous aucune forme deviné par lui.

L'éducation à la beauté des enfants ne doit-elle donc pas commencer par leurs parents ? Ne doivent-ils pas au moins être éveillés à une conviction *intellectuelle* de sa valeur, même s'ils en ont manqué la joie ? La question peut-elle être laissée en toute sécurité à la juridiction des écoles elles-mêmes, dont les programmes sont déjà surchargés de méthodes pour échapper à ce problème précis ? L'école ne répond-elle pas à la conception générale de l'éducation qui prévaut chez les pères et les mères des écoliers ? Peut-on espérer – est-il possible – qu'il s'élève bien au-dessus de cette conception ? Mon objectif est donc de suggérer, premièrement, que la perception de la beauté est, au sens le plus élevé, une éducation ; deuxièmement, la musique l'est particulièrement parce qu'elle est la forme la plus pure de la beauté ; et troisièmemement, que la musique est la seule forme de beauté par laquelle les très jeunes enfants peuvent être éduqués, parce qu'elle est la seule forme qui leur soit accessible.

Dois-je souligner qu'il n'y a jamais eu une époque dans l'histoire de l'humanité où les êtres humains n'ont pas rendu hommage à la beauté ? Dans leur tentative d'échapper à ce qu'on pourrait appeler le trafic de la vie et de s'élever au-dessus de ses limites sordides, ne se sont-ils pas toujours et partout créé une sorte d'idéal détaché au moyen duquel ils se justifiaient dans un monde autrement inintelligible ? Cet idéal était peut-être un dieu de pierre, mais il représentait pour eux une absolution parfaite. Entourés de forces brutales dont ils ne connaissaient rien, soumis à la peste, à la guerre, à la famine, à la fureur des éléments, incapables de mettre leurs corps à l'abri en toute sécurité, ils ont construit pour leur âme un élysée sûr. Cet idéal a toujours été celui de l'ordre et de la beauté ; chaque civilisation l'a possédé, et c'était pour chaque civilisation non seulement une religion, mais aussi ce que nous appelons « l'art ».

J'ai évoqué dans le premier chapitre cette qualité de l'art qui consiste à « tendre un miroir à la nature » et à concentrer ainsi notre attention. Browning exprime cela dans « Fra Lippo Lippi », où il dit :

"Car, ne le remarque pas, nous sommes faits pour aimer

D'abord quand on les voit peints, des choses qu'on a dépassées

Peut-être une centaine de fois, sans que je me soucie de voir.

Mais la fonction la plus élevée de l'art n'est pas tant d'attirer notre attention sur de beaux objets que de nous faire comprendre, grâce au talent de l'artiste, ce que signifient les objets. C'est l'artiste qui dépeint la vie de manière à nous la rendre intelligible ; c'est lui qui voit toutes ces relations plus profondes qui sont à la base de toutes choses ; lui, et lui seul, peut présenter les aspirations et les actions humaines de manière à les sortir du labyrinthe et à leur donner un ordre et une séquence. À travers tout le fouillis de théories politiques, de philosophies, de dogmes insistés au point d'excommunication ; Au milieu des découvertes de la science et de la tendance à faire de la vie une chose actionnée mécaniquement, la petite voix douce du poète s'élève toujours suprêmement – suprême en sagesse, suprême en perspicacité, le voyant, le prophète, le philosophe ; quand tout le reste est passé, il reste, car la beauté est la seule permanence. Éliminer la beauté de l'éducation, c'est détruire son âme même.

De la loi de la gravité à « To a Skylark » de Shelley, la beauté est l'élément central. En physique, en mathématiques, en astronomie, en chimie, c'est la même perfection d'ordre et d'enchaînement, la même corrélation de forces, la même attraction de la matière qui, opérant dans les beaux-arts, fait naître ce qu'on appelle la « peinture ». « sculpture », « poésie » et « musique ». La nature tout entière est un postulat de cette doctrine, et il n'y a aucune matière enseignée de la maternelle au collège qui ne puisse être enseignée en accord avec elle. Il y a un rythme de beauté dans toutes choses animées et inanimées – une variété infinie autour d'une unité centrale. L'individualité dans la nature et dans la vie humaine est comme une diversité rythmique vers une unité divine et centrale. Les feuilles d'un érable sont toutes semblables et toutes différentes ; la différence entre les arts mécaniques et les beaux-arts est une différence de flexibilité rythmique : l'un est fixé en rythme conformément aux lois physiques et agit selon une séquence et une régularité parfaites ; l'autre est un jeu rythmique libre et individualisé autour d'un centre fixe. Le peintre ne peut pas disposer les objets sur sa toile à sa guise : la nature ne lui laisse qu'une certaine liberté ; le sculpteur peut distribuer ses poids et ses rythmes autour de l'axe avec autant de liberté par rapport aux exigences de la nature que le justifie son objectif particulier ; même la tension de la musique, qui semble si errer à volonté qu'on l'appelle souvent « rhapsodie », n'est elle aussi qu'un simple jeu de rythmes et de contours autour d'un centre fixe, et se conforme à un objectif commun tout comme une feuille d'érable le fait. Une machine agit en synthèse mécanique, une mélodie agit en synthèse esthétique ; ni l'un ni l'autre n'est gratuit. Nous disons donc qu'il n'existe pas de fait isolé, ni de sujet, ni d'idée.

Ainsi, tout ce qui est enseigné aux enfants peut être enseigné comme beauté, et si cela n'est pas enseigné ainsi, son essence même doit se dissoudre et disparaître. « La distance moyenne de la Terre à la Lune est d'environ deux cent quarante mille milles » ; « deux et deux font quatre » ; « une île est une étendue de terre entièrement entourée d'eau » ; ainsi un enfant apprend sa leçon sur ce qu'on appelle les faits (les choses les plus trompeuses et les plus sans âme du monde). Pour lui, « la lune » et « un mile » ne sont guère plus que des mots ; 2 + 2 sont des hiéroglyphes gênants ; « une île » n'est peut-être qu'un simple mot dans un livre de géographie physique ; mais pour vous tous ces objets et ces quantités sont peut-être beaux ; pour toi

      "La lune fait avec délice

Regardez autour d'elle quand le ciel est nu » ;

car vous, les nombres, avez acquis cette signification qui les rend beaux ; une île a peut-être touché votre imagination comme celle de Conrad, qui l'appelle « un grand navire ancré en pleine mer » ; vous avez vu cette beauté qui se cache derrière les faits lorsqu'ils tombent, comme d'un clic, dans le mécanisme des choses. Il faut donc apprendre aux enfants à comprendre dès le début quelque chose de cette grande unité qui imprègne le monde de la pensée et de la matière. Il faut leur faire comprendre ce merveilleux sentiment d'assemblage, de correspondance parfaite, que révèle toute la nature et qui est finalement la beauté. C'est cette qualité, présente dans chaque matière, qui justifie notre insistance sur la beauté en tant qu'élément de l'éducation.

Avec nos systèmes d'éducation actuels, toute idéalité est écrasée, car cette idéalité est une qualité personnelle, alors que tout ce que nous sommes, nous sommes en masse. « Vous essayez de faire de ce garçon un autre vous », a déclaré Emerson il y a une cinquantaine d'années ; "un suffit." L'éducation moderne, soumise à des caprices constants, est devenue une vaste gueule dans laquelle nos enfants sont jetés. Tout pour l'usage, rien pour la beauté ; car l'usage signifie l'argent, tandis que la beauté – à quoi sert la beauté ? – (une question à laquelle Lowell, dans un de ses essais, dit : « serait la mort de la rose et serait répondue triomphalement par le chou »). Il s'agit en effet d'une vieille thèse, mais elle n'a jamais été aussi nécessaire qu'aujourd'hui. Cela s'applique partout. La littérature enseignée sous le signe de la beauté est édifiante et joyeuse ; enseignée comme syntaxe, elle est morte et triste. Toutes les autres formes d'enseignement perdent de leur force si elles sont détachées de l'harmonie poétique dont elles font partie. Les nombres, les villes, les machines, les symphonies, les objets sur votre table, vous-même, tout cela doit être considéré comme appartenant à cette harmonie sans laquelle le monde n'est que chaos.

Les enfants américains sont musicaux, les adultes américains ne le sont pas, et la principale raison réside dans les opportunités gâchées de l'enfance. Si le goût naturel de nos enfants pour la musique se développait convenablement, ils continueraient à la pratiquer et à y trouver du plaisir, et éviteraient ainsi l'erreur fatale de *reporter leur paradis à une autre époque* , grande erreur de la vie et de la théologie. .

Je désire donc aborder ici les possibilités que la musique offre aux enfants, non pas à quelques enfants jouant du piano, mais à tous les enfants amoureux et compréhensifs. Il est évidemment souhaitable de leur faire aimer la musique à tous, et comme peu d'entre eux parviennent jamais à maîtriser de manière satisfaisante les instruments, notre principal problème consiste à essayer de développer leur goût et ainsi de conserver leur allégeance.

II. LA VALEUR DU CHANT

Dans le premier chapitre, j'ai discuté des qualités et des propriétés de la musique en tant que telle, c'est-à-dire de la musique dans son état pur, sans rapport avec les mots comme dans les chansons, ni avec les mots, l'action, le costume et le décor, comme dans l'opéra. Et maintenant, lorsqu'on écrit sur la musique pour enfants, il faut encore garder à l'esprit que, même lorsque la musique est alliée aux mots, elle a des nécessités de sa nature à remplir, et que l'utilisation de mots appropriés, voire beaux, dans un contexte le chant de l'enfant ne change rien à cette condition.

En ouvrant cette discussion, je propose d'ignorer pour le moment l'effet dans l'au-delà de la vie de ce que nous préconisons pour les enfants, et j'écarte également (avec un certain mépris) l'idée commune – assez vraie à sa manière – selon laquelle la musique est pour eux un repos. et un changement après des tâches fastidieuses. Car nous devons voir la musique, par rapport aux enfants, telle qu'elle est réellement. Je me range derrière le psychologue [4] qui dit : « ... le but premier de l'éducation musicale... est de former les sentiments, de faire ressentir aux enfants la nature, la religion, la patrie, le foyer, le devoir,... pour garantir la santé mentale. du cœur d'où proviennent les enjeux de la vie » ; car je dis que la musique, par elle-même, ne peut pas faire ressentir aux enfants la nature, la religion, la patrie, le foyer ou le devoir, et que ces sentiments sont éveillés par l'effet accru des paroles mises en musique, et non par la musique elle-même. La fin première de la musique – et des autres arts – est la beauté. La chanson n'est pas une histoire, les mélodies n'ont rien à voir avec la morale, et toutes les théories sur la musique

– comme celles de Darwin et Spencer – sont fausses lorsqu'elles lui attribuent une origine ou une origine ultérieure quelle qu'elle soit. La musique est une fin, pas un moyen.

Or, cette beauté dont l'âme humaine désire et a toujours désiré, ne peut être apportée aux petits enfants sous forme littéraire, parce qu'ils ne savent pas lire ou parce que leur connaissance des mots est trop limitée ; elle ne peut pas non plus leur être apportée sous forme de peinture, car ils ne sont pas suffisamment sensibles aux vibrations des couleurs ; ni de sculpture, car leur sens de la forme n'est pas suffisamment développé. En fait, leur pouvoir de réponse est extrêmement limité dans la plupart des directions. Ils ne savent ni dessiner, ni peindre, ni écrire, ni lire, de sorte que cette beauté à laquelle nous accordons tant de valeur semble leur être exclue. Il en était ainsi, mais pour la musique.

En chantant, et en chantant seulement, un petit enfant de cinq ans peut entrer en contact avec une forme pure et parfaite de beauté. Non seulement cela, mais l'enfant peut reproduire cette beauté entièrement sans aide, et ce faisant, tout son être – corps, esprit, cœur et âme – est engagé. La chanson, pour le moment, c'est l'enfant. Il n'existe aucune réalisation possible de la petite personnalité comparable à celle-ci. Ici, dans les sons, se trouve cette corrélation d'impulsions dans laquelle les étoiles se meuvent ; voici le monde de l'ordre et de la beauté en miniature ; voici un microcosme de la vie ; voici un talisman contre les faits froids et insignifiants qui sont enfoncés dans le cerveau des enfants pour se bousculer dans une compagnie hostile. Grâce à cela, ils peuvent ressentir une beauté et un ordre que leur esprit est incapable de saisir. La joie qu'un enfant éprouve à reproduire de belles mélodies ne ressemble à aucune autre expérience dans la vie. Il s'agit d'un acte absolument personnel, car la musique se prête plus que rien à l'individualité de l'enfant. La musique, en ce sens, conserve chez les enfants cette idéalité qui est l'un des biens les plus précieux de l'enfance et que nous désirerions conserver après la vie ; qui aime les fleurs et les animaux, qui voit la vérité dans les contes de fées, qui croit que tout est bon et est étranger à tout ce qui est sinistre, qui voit la lune et les étoiles non pas comme des objets à des millions de kilomètres de la terre, mais comme des parties d'un monde. grand système solaire, mais comme des lanternes suspendues dans les cieux.

L'objectif premier de l'éducation musicale des enfants est donc de développer leur sensibilité musicale afin de leur faire aimer et comprendre la meilleure musique. Cela soulève-t-il la question « Quelle est la meilleure musique ? » Par « meilleure » musique, j'entends exactement ce que j'entendrais si je devais substituer le mot « littérature » au mot « musique » : je veux dire les compositions des grands maîtres. Et si vous dites que les grands maîtres n'ont pas écrit de musique adaptée aux petits enfants, je réponds que cette musique a néanmoins été produite par toutes les races *dans leur enfance*, qu'elle existe à profusion, qu'elle est communément appelée « chanson populaire ». » que c'est la base sur laquelle repose une grande partie de la plus grande musique du monde et, enfin, que c'est le moyen naturel et, en fait, inévitable d'approcher cette grande musique.

Cette base à laquelle je fais référence est à la fois réelle et idéale. De nombreux grands compositeurs ont utilisé de véritables mélodies folkloriques. Les chorals de «St. Matthieu Passion », par exemple, sont basés sur des mélodies traditionnelles. Dans les compositions instrumentales de Haydn, les chansons folkloriques sont souvent utilisées *textuellement*, et le nombre total d'entre elles que l'on retrouve dans ses œuvres est très grand. Des exemples notables peuvent être trouvés chez Beethoven – comme dans les quatuors « Rasoumoffsky » et la Septième Symphonie – tandis que Schubert, Brahms et Tchaïkovski utilisaient librement des mélodies populaires. Dvořák et Grieg sont essentiellement nationaux dans leur idiome et leur style, et la musique folklorique peut être considérée comme la base de la musique de chacun. Idéalement, la dette de la musique envers la chanson populaire est encore plus grande. Tout *Adagio* typique de Beethoven (comme celui de la « Sonate Pathétique ») naît du chant populaire et, malgré le long processus de développement par lequel la musique est passée, reflète – sous une forme plus mûre – le même sentiment que l'on retrouve dans l'original. Comment pourrait-il en être autrement? Existe-t-il un art ou une autre activité intellectuelle de l'homme dont on ne puisse pas dire la même chose ? Keats et Shelley n'attendaient-ils pas de naître de Coleridge et Wordsworth ? Existe-t-il un fruit sans vigne ? une fleur sans tige ; une fin sans début ? Il y a eu des compositeurs, des poètes et des peintres qui ont vécu détachés de la conscience commune – comme ces étranges organismes de la nature qui flottent dans la mer ou dans l'air et ne tirent rien du sol natal de la terre ; mais tous les plus grands esprits sont enracinés dans le passé et ont puisé leur inspiration dans l'expérience humaine commune. Gardant donc à l'esprit que notre objectif est de former le goût des enfants afin qu'ils aiment la meilleure musique, examinons ce qui se passe réellement dans l'enseignement de la musique aux enfants.

III. MÉTHODES ACTUELLES D'ENSEIGNEMENT

L'erreur la plus courante dans notre enseignement consiste à faire passer la connaissance avant l'expérience, ou la théorie avant la pratique. Les enfants apprennent *la* musique avant d'en avoir une expérience suffisante. On leur apprend, par exemple, à épingler des notes sur un carton sur une portée imaginaire ; on leur dit qu'une note est la note paternelle et une autre la note mère (on suppose que les chromatiques sont des tantes irascibles de vieilles filles) ; on recourt à toutes sortes de subterfuges pour tenter de leur apprendre ce qu'ils sont trop jeunes pour apprendre et ce qui, de toute façon, ne peut avoir aucune signification si ce n'est s'il est fondé sur un long processus d'expérience réelle. Autant essayer de satisfaire un enfant affamé avec l'image d'une pomme que de lui montrer des notes avant qu'il n'ait traité des sons.

Voilà donc notre grande erreur. Il est impossible d'attendre des enfants qu'ils soient musicaux s'ils commencent par des symboles, quels qu'ils soient. De plus, dans l'enseignement des chants sans notation, l'accent peut être mis uniquement sur les choses fondamentales. Qu'est-ce que c'est? Tout d'abord, le sens du rythme. Dans le développement de la musique, le rythme précède la mélodie, comme la mélodie précède l'harmonie. La liberté et la précision rythmiques sont essentielles non seulement à l'éducation musicale d'un enfant, mais aussi à son bien-être physique. Or, il y a une chose certaine : c'est que la liberté et la précision du rythme ne peuvent être obtenues que par le mouvement corporel réel. (Il n'est pas nécessaire de s'attarder sur la différence fondamentale entre le mouvement rythmique réel et tout symbole de celui-ci, comme une blanche ou une noire.) Et le début de l'éducation musicale des enfants devrait consister à marcher ou à battre des mains au son de la musique jouée par l'enseignant. Ensuite, les *notes réelles* d'une simple chanson populaire peuvent être exprimées par des mouvements corporels, comme en courant ou en dansant, le point principal étant d'impliquer tout le corps. Les débuts de *la Rythmique* élaborée par Dalcroze remplissent parfaitement cet objectif, la mesure du chant (4/4 ou 3/4) étant exprimée avec les bras, tandis que, en même temps, les rythmes (ou notes elles-mêmes) sont exprimés par le mouvement des pieds avec le corps en mouvement. Il faut cependant toujours garder à l'esprit que cet entraînement est destiné à l'esprit et au sens esthétique, et que les mouvements corporels ont pour but de donner aux enfants un sens exact du rythme. On ne saurait trop insister sur la nécessité de toujours utiliser de la bonne musique. En outre, je souhaite éviter les pièges qui sont répandus de toutes parts sous la forme d'écoles d'*expression de soi* dans lesquelles les enfants et les adultes apprennent des mouvements dits « esthétiques » sur musique. La danse esthétique est une chose ; une éducation musicale en est une autre. L'appel à l'expression de soi est caractéristique de notre attitude envers l'éducation. Il est demandé à un enfant ou à un adulte d'écouter un morceau de musique puis d'exprimer en mouvement ou en pose ce qu'il *ressent* . Indiscipliné par l'expérience, incapable – comme nous le sommes tous – de percer le mystère de la grande musique, ignorant ces lois immuables qui sous-tendent toute esthétique, que peut exprimer une telle personne, sinon cette idiosyncrasie qu'elle est à ce moment-là ? Ainsi, en fin de compte, on exprime une sonate ou une symphonie de Beethoven par des poses et des mouvements – dans un costume grec, sur un fond de rideaux et sous une lumière calcaire ! Cette chose délicate, transitoire, insaisissable et impénétrable que nous appelons musique est quelque chose de plus que du mouvement ; oui, plus encore que le mouvement, la mélodie et l'harmonie réunis, car ils n'en sont que le corps ; son esprit ne peut être ni compris ni exprimé autrement qu'en fonction de lui-même.

De tous côtés, ce genre d'instruction se poursuit. On entend des déclarations désinvoltes dans la bouche de personnes non instruites sur la psychologie de l'enfant, le « deuxième » cerveau, etc. On demande à un élève d'écouter une phrase musicale, puis de dire à l'enseignant ce qui en ressort. Nous devons nous rappeler que l'art est discipline et qu'il n'y a de véritable liberté que sous la loi. Nous voulons que les enfants utilisent leur esprit avec précision et contrôlent leur corps, mais cette utilisation et ce contrôle ne peuvent se faire que par un effort défini et réglementé. Les tâtonnements dans l'obscurité, les recherches détachées et illusoires des feux follets de l'éducation n'atteindront jamais notre objectif.

IV. QUE DEVRAIENT CHANTER LES ENFANTS ?

Mais même ces méthodes artificielles et fausses sont moins nuisibles aux enfants que ne le sont les chants pauvres, insipides et faux au moyen desquels leur goût se désintègre lentement et sûrement. Aujourd'hui, la nature de la musique est telle que beaucoup de gens sont incapables de comprendre pourquoi une chanson d'enfant est meilleure qu'une autre. Il existe un nombre considérable de personnes s'occupant de la musique pour enfants qui semblent tout à fait incapables de faire la distinction entre une très belle chanson populaire et une copie triviale d'une chanson. Une longue association avec ce dernier a produit le résultat inévitable. On ne peut faire valoir contre de telles personnes qu'un seul argument, argument qui n'a rien à voir avec l'esthétique : c'est que la musique actuelle destinée aux enfants d'une génération est inévitablement remplacée par celle de la suivante, alors que les mêmes chansons populaires sont continuellement reproduites. , et sont chantés par des générations croissantes d'enfants à travers le monde. N'importe quel musicien peut enchaîner dans une séquence logique une série de notes pour s'adapter à un vers de poésie simple – presque tous les musiciens le font ; n'importe quel poète peut composer des vers simples et faciles à comprendre ; mais la main du temps les entraîne dans l'oubli. Du fond des cœurs simples, dans la joie, le chagrin ou la privation, comme un baume pour le labeur et le travail, comme un cri du cœur d'une mère, dans la bataille, dans les moments d' exaltation religieuse, partout et chaque fois que les profondeurs sont remuées, un chant jaillit. en avant. Un compositeur ne peut exprimer que ce qui est en lui ; ses limites sont aussi contraignantes que celles de tout autre artiste. Dickens ne pouvait pas plus créer une Clara Middleton que Tchaïkovski ne pouvait créer un thème comme celui du début de la Neuvième Symphonie ; et supposer que la création d'une chanson pour enfants consiste simplement à assembler des notes dans un ordre correct et agréable, c'est se méprendre sur l'ensemble du processus de création.

C'est notre erreur cardinale de penser que n'importe quelle mélodie est suffisamment bonne et attrayante à la première écoute. Dans les livres de musique prévus pour les jardins d'enfants et pour le chant à la maison, il y a une série infinie de mélodies pauvres, insipides et trop douces que les enfants, avides de musique, chanteront assez volontiers faute de mieux. Certains de ces morceaux rappellent indéniablement une comédie musicale de Broadway ; beaucoup d'entre eux sont pleins de sentiments mièvres et d'une simplicité affectée. Aucun progrès réel ne pourra être réalisé tant que nous ne parviendrons pas à des conclusions définitives sur ce point et que nous n'agirons pas en conséquence. Notre goût et celui de nos enfants ne sont jamais stationnaires, nous progressons ou reculons continuellement, et la subtile désintégration du goût des enfants par de mauvaises chansons aboutit inévitablement à une indifférence à l'égard de la bonne musique plus tard dans la vie. La route bifurque ici ; l'un mène dans la voie que nous connaissons trop bien, l'autre mène à un véritable amour de la belle musique, à un vrai bonheur et à un réel respect pour elle. Permettez-moi de dire aussi que les enfants aiment les bonnes chansons et que, dans le cadre de leur dotation naturelle ou normale, ils possèdent à cet égard et à un degré remarquable, cette qualité que nous appelons ignoblement « le goût ». (Je me souviens d'un vieux manuscrit égyptien de la Bibliothèque Bodléienne contenant une lettre qui disait : « Theon à son père, Theon — Salut. C'était une bonne chose que vous ne m'ayez pas emmené à Alexandrie avec vous. Envoyez-moi une lyre, je je t'en supplie ! Si tu ne le fais pas, je ne mangerai rien. Là-bas !

Les panoplies musicales destinées aux enfants sont légion et je n'ai pas envie de les énumérer. Leurs effets sont inversement proportionnels à leur attirail étendu et parfois coûteux. Mais je citerai une seule phrase d'un recueil de chansons populaires pour enfants pour illustrer la tendance qu'ils représentent : « Comprenant le penchant inné des enfants pour les riches harmonies, nous avons accordé une attention particulière à l'harmonisation des mélodies. ; et bien qu'il soit parfois nécessaire que les enfants chantent sans accompagnement, un tel manque est pourtant à déplorer, car l'accompagnement sert souvent d'expression rythmique de la pensée.

Le spécimen qui précède est presque un recueil de ce que les chansons pour enfants et leur enseignement ne devraient pas être. Si les enfants sont friands d'harmonies « riches », c'est à regretter. (Je ne crois pas que ce soit le cas de l'enfant moyen.) La meilleure chose qui leur serait possible, dans ce cas, serait de n'entendre aucune harmonie pendant un certain temps, mais de chanter entièrement sans accompagnement (tout comme on les priverait de friandises si ils en avaient été rendus malades); une attention particulière portée à l'harmonisation des chansons enfantines est portée à toute une conception erronée de leur caractère et de leurs usages ; car l'essence d'une chanson d'enfant réside dans sa propre indépendance rythmique et mélodique, et si elle dépend d'un accompagnement pour son rythme, c'est d'autant plus une mauvaise chanson. Il n'y a aucun mal à accompagner simplement une chanson populaire, mais en l'enseignant aux enfants, un accompagnement fait pour eux précisément ce que nous voulons qu'ils fassent eux-mêmes, à savoir reproduire correctement la mesure et le rythme, la hauteur et le contour. de la mélodie.

Une telle formation que je préconise, si elle est poursuivie tout au long de la petite enfance, entraîne un désir naturel de continuer à chanter et rend l'apprentissage du chant à partir de notes beaucoup plus facile qu'il ne le serait autrement. La capacité de chanter de la musique à vue est une acquisition précieuse pour les enfants, car elle leur permet de participer au chant choral et leur fournit, des années plus tard, un délicieux moyen d'accéder à certaines des meilleures musiques. L'avantage pour l'individu de cette technique acquise est qu'elle concerne l'esprit et non les muscles ; elle n'abandonne pas son possesseur comme la technique des doigts abandonne le joueur qui cesse de pratiquer. Chanter des chansons partielles avec des amis, ou faire partie d'un plus grand nombre de personnes chantant une composition de Bach ou d'un autre grand compositeur, dans laquelle chaque chanteur contribue à reproduire une noble œuvre d'art - cela, en soi, est une expérience hautement souhaitable. . Mais le processus d'apprentissage du chant à vue s'est parfois éloigné de la véritable esthétique et a abouti à une certaine avilissement du goût en chantant une musique inférieure. Les exercices vocaux pour le chant à vue sont nécessaires, et nous pouvons les accepter comme tels, car ils n'évoquent pas le sens esthétique ; mais les mauvaises chansons enseignées pour illustrer un point technique sont inutiles et inexcusables.

V. L'erreur de la leçon inévitable de pianoforte

Mais la majorité des enfants qui suivent un enseignement particulier en musique suivent des cours de pianoforte. C'est devenu une coutume ; le pianoforte est un meuble domestique (et très laid) ; Jouer du pianoforte est une sorte de polissage d'une éducation superficielle. Mais la raison réside principalement dans le fait que c'est la ligne de moindre résistance : il y a beaucoup de professeurs de piano mais peu de professeurs de musique, donc les parents acceptent ce qui est disponible.

Il y a ici une confusion entre jouer de la musique et la comprendre. Apprendre à performer semble (et est) un atout tangible, quelque chose de définitivement accompli ; tandis que le simple fait d'apprendre à comprendre la musique apparaît aux parents comme un processus vague susceptible d'avoir des résultats quelque peu indéfinis. Ils veulent que leurs enfants produisent des résultats tangibles sous forme de « pièces » bien jouées. Là encore, nous retrouvons la même idée fausse. La musique, dans ce sens, est à moitié une titillation de l'oreille et à moitié une gymnastique des doigts. Cet enseignement musical consiste à trouver la bonne touche, noire ou blanche, à tenir la main dans une position correcte, - brevetée et exploitée comme la seule méthode correcte, - à mettre le pouce dessous, et enfin, après une série presque infinie d'évolutions. couvrant de nombreuses années et continué au prix d'une patience effrayante pour tous ceux qui l'entendaient, en se précipitant sur les touches scintillantes avec un abandon de dextérité positivement ahurissant. Cependant, neuf dixièmes des aspirants tombent sur le bord du chemin et, quelque temps plus tard, se retournent d'un air sombre sur une longue procession d'heures interminables presque perdues. On s'imagine une petite fille de sept ou huit ans assise devant cette masse lourde et menaçante de fer, d'acier, de bois, de fils et de marteaux que nous appelons un « pianoforte » (soixante livres d'humanité tendre et délicate essayant de s'exprimer à travers une bonne tonne), ses jambes pendaient inconfortablement dans l'espace, ses petits doigts essayant péniblement de trouver la bonne touche, et en même temps de se maintenir dans une position correcte, luttant tout en luttant pour relier deux choses étranges, un curieux point noir sur une page et une clé en ivoire à deux pieds en dessous, pour lesquels elle n'éprouve pas beaucoup d'affection. Et puis on se représente le même enfant sur les genoux de sa mère, ou avec d'autres enfants, chantant avec joie et délice une belle chanson.

Je ne préconise pas l'abolition de l'enseignement du pianoforte aux enfants, mais je préconise l'exercice d'une certaine discrimination à son égard, et j'insiste particulièrement sur le fait qu'il ne devrait pas être commencé tant que l'enfant n'a pas chanté de belles chansons pendant plusieurs années et n'a pas développé par là ses instincts musicaux, et encore seulement lorsqu'un enfant possède une certaine coordination physique qui est absolument essentielle pour jouer du piano. Car jouer du pianoforte n'est en aucun cas une méthode sûre pour développer l'instinct musical chez les enfants. En premier lieu, il lui manque l'intimité du chant, et en deuxième lieu, le jeu lui-même exige la plus grande partie de l'attention de l'enfant, de sorte que souvent il entend à peine la musique. Toute méthode d'enseignement de la musique qui tente de substituer la dextérité technique à la musique elle-même est évidemment erronée.

Ce qui précède n'est pas typique de l'enseignement le plus intelligent du pianoforte, car il y a de nombreux professeurs qui raisonnent sur ces questions, et il y a des parents qui les voient assez clairement pour laisser à ces professeurs une latitude raisonnable. Mais c'est vrai pour l'enseignement du pianoforte en général, comme sans doute presque chacun de nos lecteurs en a eu la preuve. Il est évident que même une légère capacité à jouer du pianoforte est utile et agréable à condition qu'on joue avec goût et compréhension, car on en retire une certaine satisfaction que la simple écoute ne procure pas. Je déplore seulement une insistance sur le jeu comme seul moyen d'approche de la musique ; Je remets en question la sagesse de forcer à jouer des enfants qui ne sont pas qualifiés pour le faire ; et je pense que le jeu devrait, de toute façon, être différé jusqu'à ce que les facultés musicales soient éveillées par le chant.

C'est sans doute le caractère conventionnel et domestique du piano qui nous amène à apprendre à nos enfants à jouer sur lui plutôt que sur le violon. Le pianoforte est disponible pour la musique décontractée, pour l'accompagnement de chansons, pour la musique de danse, etc. Le violon n'est peut-être utile qu'à une seule personne. Mais combien c'est plus intime ! Placé sous le menton, il devient presque une partie du joueur, comme l'était le crâne de l'Autocrate lorsqu'il allait ramer. Les sons du violon *vous appartiennent* et doivent être évoqués grâce à votre propre effort patient ; le pianoforte est brillant et repoussant, presque imperméable à votre personnalité. Je voudrais que mes enfants apprennent à jouer du violon ou du violoncelle de préférence au pianoforte, et j'attends avec impatience le moment où nous formerons nos jeunes à jouer également d'autres instruments d'orchestre. Cela se fait déjà avec succès dans les écoles publiques. Ma propre observation me porte à croire que le talent pour jouer du pianoforte est assez rare et que l'enfant moyen est plus susceptible de pouvoir jouer du violon. Quoi de plus agréable qu'une soirée tranquille de musique de chambre dans une petite salle, petits et grands jouant ensemble ? Chaque personne a son propre rôle intéressant à jouer. Chacun s'exprime et en même temps se conforme à l' *ensemble* . Ce serait une véritable expression de soi sous la meilleure forme de discipline.

C'est peut-être trop espérer d'endiguer la marée de la mauvaise musique pour piano. Ici comme ailleurs, l'influence du foyer compte pour beaucoup. N'est-il pas du devoir des parents de s'assurer que le professeur de musique donne à leurs enfants le meilleur et rien d'autre ? L'enseignement de la musique dans ce pays a énormément souffert du fait d'être détaché des normes professionnelles les plus élevées et, d'autre part, le niveau professionnel souffre d'être déconnecté de la vie et de la pensée communes. En d'autres termes, quiconque joue un peu du piano peut s'installer comme professeur, tandis que, dans le même temps, le professeur professionnel hautement qualifié oublie souvent qu'il a affaire à un être humain qui veut comprendre la musique et dont le bonheur pour y faire face doit en fin de compte dépendre de cette compréhension.

Lorsque les enfants montrent une aptitude à jouer du piano, se pose encore la question importante du développement de leur goût. Le jeu perd beaucoup de sa valeur s'il y a un manque de goût musical et de jugement de la part de l'enseignant. L'examen des programmes de ce que l'on appelle les « récitals d'élèves » révèle le laxisme de certains enseignants à cet égard. Il n'y a aucune excuse pour donner aux enfants de la mauvaise musique à jouer, car il existe beaucoup de bonne musique et on peut leur apprendre à l'aimer - *mais l'enseignant doit l'aimer aussi* . Les enfants découvrent rapidement une prétention d'aimer, et il est difficile de stimuler chez eux l'amour pour quelque chose que vous n'aimez pas vous-même.

VI. LE VRAI OBJECTIF

Ces questions se posent désormais inévitablement : « Comment apprendre aux enfants la musique elle-même ? « Par quel processus leur est-il possible de devenir musiciens ? Évidemment, par l'expérience personnelle et le contact avec la bonne musique, et avec la bonne musique uniquement, d'abord en chantant de belles chansons pour entraîner l'oreille et éveiller le goût, deuxièmement en apprenant à écouter intelligemment et troisièmement (si vous êtes qualifié pour le faire) en apprenant à jouer de la bonne musique sur un instrument. L'écoute intelligente de la musique est évidemment une écoute qui comprend une absorption complète de tous les éléments de la musique elle-même. Il ne suffit pas d'apprécier la « mélodie », car la mélodie n'est qu'un moyen d'expression. L'auditeur doit être attentif aux formes métriques et rythmiques, aux mélodies combinées dans ce qu'on appelle le « contrepoint », à cette disposition des différents thèmes, harmonies, etc., qui constitue la forme en musique. Les groupes de cinq, par exemple, qui persistent tout au long du deuxième mouvement de la « Symphonie Pathétique » de Tchaïkovski en constituent la qualité saillante ; le pas régulier et solennel au rythme du mouvement lent de la Septième Symphonie de Beethoven définit le caractère de cette pièce ; le tissage des parties séparées et individuelles d'une composition de Bach est son principal moyen d'expression, et sa musique est inintelligible pour beaucoup de gens parce qu'ils sont incapables de répondre à un idiome aussi complexe ; la latitude dans la mélodie elle-même est également très grande, et il faut une expérience constante de la ligne mélodique avant de pouvoir voir la beauté des mélodies plus profondes de Bach, Beethoven et Brahms.

Ce que nous cherchons à faire, c'est de nous rendre complémentaires de la musique. Nous devons voir que le plaisir esthétique ne relève pas entièrement des sens, mais plutôt de l'imagination à travers l'entraînement des sentiments et de l'esprit. Nous souhaitons que nos auditeurs assimilent tous les éléments d'un morceau de musique puis le recréent dans l'imaginaire. C'est le rôle de l'art de créer la beauté sous une forme si parfaite qu'elle nous fera réfléchir.

Ce principe s'applique bien entendu à l'appréciation de tout objet artistique quel qu'il soit. On ne peut pas apprécier le portrait de sa mère par Whistler en réalisant simplement que le sujet ressemble à une dame victorienne typique, pas plus qu'on ne peut apprécier « À l'oiseau de guerre » de Whitman en localisant le Sénégal. L'idée de Whistler s'exprime à travers la composition, le dessin et la couleur, et chacune de ces qualités a sa propre subtilité ; la pose du personnage est une chose de beauté en soi ; le bord du cadre qui apparaît juste sur le mur, la disposition des courbes et des taches sur le rideau, le ton de l'ensemble de la toile, tout cela fait du tableau ce qu'il est, et tout cela nous devons le comprendre et nous en réjouir. Le poème de Whitman est une question d'espace et de liberté ; le ciel est le berceau de l'oiseau sauvage, l'homme est « un point, un point sur l'immensité flottante du monde » ; l'imagination du poète parcourt tout l'univers créé et se projette sur de vastes étendues de temps comme pour réincarner l'homme dans l'oiseau. Ainsi cette musique, qui atteint notre conscience à travers les rythmes, les mélodies et les harmonies, à travers la forme et le style, à travers le délicat filigrane des violons ou le son triomphant des cors ; qui dit des choses indicibles au moyen du silence ; qui ne veut rien dire et pourtant veut tout dire, cet Ariel des arts, cela, dans toute sa qualité, doit trouver un écho en nous.

Observation, discrimination, réflexion ; cultiver la mémoire des phrases et des mélodies musicales, discipliner les sens, élargir le champ de l'imagination, nourrir le sens de la beauté, tels sont les moyens et les objets de l'éducation musicale des enfants. Par un tel procédé, nous atteignons dans une certaine mesure cette joie qui est l'un des principaux objets de l'art et dont notre situation actuelle nous prive presque complètement.

Permettez-moi donc de dire pour finir que je mène ici la guerre contre les remèdes brevetés, contre l'enseignement musical forcé et sans joie, contre le développement de compétences techniques sans goût ni compréhension ; et que je soutiens ici un processus d'éducation musicale qui a pour objet « d'être musical », et qui prend dans son sein chaque enfant, garçon ou fille, et l'y maintient en tant qu'homme et femme.

NOTE DE BAS DE PAGE:

[4] Salle G. Stanley.

CHAPITRE III
MUSIQUE DES ÉCOLES PUBLIQUES

I. IDEAUX DE L'ENSEIGNEMENT SCOLAIRE PUBLIC

Il est caractéristique de notre conformité en matière d'éducation que, ces dernières années, nous ayons vu matière après matière ajoutée aux programmes de nos écoles publiques, et que nous ayons joyeusement voté de l'argent pour elles, sans avoir une grande idée de leur valeur ni des résultats obtenus en introduisant eux. L'éducation est notre schibboleth, notre formule. Le diplôme d'études et le diplôme collégial constituent notre nouveau baptême de conformité. Nous ne remettons pas en question leur autorité ni leur efficacité. Ils nous absoutent. Nos écoles publiques sont devenues des stations expérimentales pour tester les théories, jusqu'à ce que la demande de spécialisation croissante ait abouti à une surcharge des programmes et à une superficialité de l'enseignement qui en résulte. « Que tout homme capable de savoir meure dans l'ignorance, c'est ce que j'appelle une tragédie », dit Carlyle. Mais il existe une tragédie encore plus grave : notre capacité de connaissance peut être tellement surchargée par des informations non pertinentes qu'elles deviennent sans valeur pour nous. Nous étudions tout et nous ne savons rien. Nos écoles se détachent des réalités de la vie parce que nous recherchons avec diligence l'apparence de ces réalités.

Notre objectif est définitivement pratique. Nous attendons de l'éducation qu'elle permette aux garçons et aux filles de gérer avec succès les affaires quotidiennes de la vie, nous désapprouvons tout ce qui a un goût peu pratique et nous nous méfions instinctivement du mot « beauté ». Nous sommes comme Mime qui pensait que le courage résidait dans l'épée elle-même. Nous avons aussi les morceaux de la lame cassée, et ils nous sont aussi inutiles qu'ils l'étaient à lui. À quoi servent toutes ces informations que nous acquérons si lentement et si péniblement ? Peut-il être assemblé à la mode Mime ? Ou y a-t-il quelque chose qui puisse le fusionner ? Tout cela n'a-t-il pas une source commune, et cette source n'est-elle pas naturelle ? « Chaque objet a ses racines dans la nature centrale et peut nous être exposé pour représenter le monde. » Cette unité des choses, à laquelle se réfère Emerson, donne ordre et séquence à tous les objets, personnes et idées ; ils deviennent significatifs et puissants, car nous les voyons tels qu'ils sont réellement. Nul ne peut être considéré comme instruit s'il ne parvient pas à appréhender cette unification de toute matière, de toute pensée, de toute sensation, cette harmonie des choses qui met en relation un grain de poussière et une étoile, l'individu et le cosmos. Ce que nous craignons le plus dans l'éducation est celui qui tempère toutes les autres : la beauté. Car dans l'éducation, comme dans toute autre chose, la beauté signifie séquence, ordre et harmonie ; la beauté relie les choses les unes aux autres, multiplie l'arithmétique par la géographie, les objets par les sons, les actes par les sentiments. S'il existait un monde avec un seul être humain, et un seul, son acte le plus doux, le plus doux et le plus inévitablement parfait serait de sauter dans la mer mère et de rejoindre la nature. Un fait isolé ou une information sans rapport ne diffère en cela de l'être humain que par le fait qu'il n'a jamais été vivant.

Nous faisons semblant de parler de beauté. Nous étudions la poésie, mais nous nous occupons surtout des poètes, de leur naissance et de leur mort, de leur coquille, alors que le poète ne vaut que par la beauté qu'il nous apporte. Nous essayons même de lui extraire une morale, ou de trouver en lui des codes de conduite, des philosophies, etc., en oubliant le beau mot de Swinburne : « Il y a assez de chaires pour tous les prédicateurs en prose ; l'affaire de l'écriture de vers n'est guère d'exprimer des convictions ; et si une certaine poésie, non sans mérite en son genre, a parfois traité de la morale dogmatique, elle n'en est que pire et d'autant plus faible. L'un des principaux objectifs de l'étude de l'anglais devrait être d'inculquer à l'étudiant l'amour de la poésie anglaise. Mais nous en avons peur ; nous nous en méfions, ou nous le pensons efféminé. (Cela ne veut rien dire que nous louions maintenant le « vers libre », car nous ne nous intéressons qu'à la première moitié du terme, et cela ne s'applique pas à la poésie, puisqu'aucun vers digne d'avoir jamais été ou ne peut être libre. Nous grignotons .)

Mais la poésie, au moins, s'exprime en mots, et les mots peuvent être ponctués, orthographiés, analysés et scannés, et, par-dessus tout, les mots fournissent matière à examen. Vous ne pouvez faire aucune de ces choses avec la musique, car elle consiste en de simples sons qui ne signifient rien que quiconque puisse découvrir. Nous permettons à la musique d'entrer dans un coin de notre sanctuaire éducatif, puis nous lui claquons la porte et la laissons là jusqu'en juin, date à laquelle nous nous attendons à ce qu'elle sorte avec une guirlande pour les exercices de remise des diplômes. Le contribuable assiste à ces exercices et écoute les chants des enfants avec cette humeur complaisante qu'il adopte habituellement lorsqu'il pense en avoir pour son argent, même s'il sait très probablement que sa propre éducation musicale à l'école publique ne lui a rien apporté.

Quelles sont les revendications de la musique comme moyen d'éducation des jeunes ? Pour certains administrateurs de l'éducation, cela semble n'avoir pratiquement aucune justification. « Que peut-on accomplir grâce à cela ? » ils demandent. "Le chant n'est pas un facteur nécessaire dans la vie." "La musique n'a que peu d'importance dans un monde de travail quotidien." C'est ce que disent les écoliers qui veulent des « résultats », comme ils les appellent. Mais le véritable objectif de l'éducation devrait être d'abord de rendre les êtres humains capables d'entendre et de voir intelligemment et d'utiliser leurs mains avec habileté, puis d'entraîner l'esprit afin qu'il puisse recevoir et assimiler la connaissance et la transformer en sagesse. Quelques autorités scolaires considèrent la musique comme un élément important d'une telle éducation, mais la plupart d'entre elles, étant elles-mêmes inconscientes de son pouvoir et de sa valeur, ne l'acceptent que parce que d'autres personnes dans une situation similaire l'ont fait, ou comme un soulagement. d'autres études, ou comme moyen d'animer des expositions dans les écoles publiques. Qu'il y a quelque chose dans notre nature que la musique accomplit et satisfait ; que de grands hommes y ont exprimé leurs idées ; que la compréhension et l'appréciation de leurs paroles dépendent de l'entraînement de l'oreille et de l'imagination, et que, lorsque cet entraînement est achevé, un homme ou une femme a accès à tout un monde de beauté - tout cela est ce que fait l'écolier moyen. pas vu. On ne peut pas non plus s'attendre à ce qu'il le voie, car il n'en a jamais fait l'expérience en lui-même. Mais il faut qu'il soit convaincu par les phénomènes ; par le grand nombre de personnes qui tirent plaisir et stimulation de la bonne musique ; par la persistance de l'amour pour cela ; peut-être même par les sommes colossales dépensées pour cela. Mais il ne peut dissiper sa méfiance à l'égard d'une étude dont les résultats sont illusoires ; il le voit souvent mal administré, et ne pouvant y remédier, il l'abandonne à son sort. Le seul moyen d'expression humaine qui soit universel, qui transcende le langage, qui ne connaît de distinctions que celles qu'il recherche lui-même dans nos propres âmes ; cela parle au plus petit enfant et à son grand-père en termes communs ; qui ne s'occupe *pas* de croyances, ni de dogmes, ni d'événements, ni de choses, ni de personnes, ni de localités — il s'en doute ! Mettez tout cela sur sa balance pédagogique ; quelques leçons d'arithmétique l'emporteront. La passion pour les faits catégoriques, disposés en séquence méthodique terme par terme, année après année, et culminant dans une explosion fulgurante, chaque fait s'enflammant séparément pendant un instant comme s'il était réellement vivant, puis s'éteignant tandis que les braises carbonisées s'effondrer sur une terre patiente – c'est ce qu'on appelle l'éducation ! Mais cette passion est presque inextinguible – c'est en effet l'un des défauts humains les plus courants. C'est ce qu'on appelle aujourd'hui « l'efficacité » : c'est-à-dire une sorte de persistance du nez sur la meule dans les détails, totalement inconsciente des aspects plus larges de chaque affaire qui décident réellement de son destin. Systèmes, catégories, précédents ; ceux-ci sont sûrs. Pourquoi sortir des sentiers battus ? L'aspiration individuelle, le désir de beauté sont dangereux. Nous avons cessé de mémoriser les noms des rivières, ou des capitales de la Patagonie et de la Bolivie, mais nous nous accrochons toujours fermement aux sujets « utiles », et nous testons encore notre éducation en la pesant en juin.

Je propose donc d'abord d'examiner les prétentions de la musique en tant que matière à enseigner dans nos écoles publiques ; deuxièmement, examiner les méthodes d'enseignement dominantes ; troisièmement, étudier les résultats maintenant obtenus ; et enfin, suggérer des moyens d'améliorer notre situation.

II. LA VALEUR DE LA MUSIQUE DANS L'ÉDUCATION SCOLAIRE PUBLIQUE

Dans le chapitre précédent, j'ai évoqué les qualités de la musique qui la rendent particulièrement précieuse pour les enfants, et ce que j'y ai dit s'applique ici avec une force égale, voire plus grande. Quiconque a comparé la vie des villes dans ce pays et en Europe et a vu quel plaisir et quelle influence civilisatrice la musique peut devenir lorsqu'elle est correctement enseignée dès l'enfance, doit se rendre compte de l'ampleur de la perte que notre peuple subit à cause de la négligence du chant. Nous commençons seulement maintenant à réaliser combien de temps il faut pour souder un peuple diversifié en un seul au moyen d'une conception intellectuelle de la nationalité. Le lien mince de l'intérêt personnel, l'avantage de « réussir » dans le monde – tout cela nous maintient ensemble en temps ordinaire, mais en cas de grande crise, ces liens se brisent. Il faut le levain du sentiment. Nous voulons une sympathie commune ; nous voulons avant tout des moyens d'expression de cette sympathie. Il y a eu récemment de nombreuses grandes réunions au cours desquelles les sentiments des hommes et des femmes se sont dépensés en cris, en acclamations, en applaudissements et en d'autres méthodes inarticulées pour exprimer leurs émotions. Qu'est-ce qu'une chanson n'aurait pas fait pour ces milliers de personnes – une chanson qu'ils connaissaient et aimaient tous ? Sommes-nous toujours stupides ?

Notre espoir réside dans les enfants, pour qui la musique a une valeur inestimable. En premier lieu (comme je l'ai déjà souligné) la musique constitue le seul moyen de mettre les jeunes enfants en contact réel et intime avec la beauté. A l'école maternelle ou dans les premières années de nos écoles publiques, les enfants sont capables de chanter et aiment chanter des chansons simples qui, dans leur portée limitée, sont tout à fait parfaites, alors que leur capacité à dessiner ou à apprécier les formes et les couleurs est comparativement léger. Dans la musique, les enfants trouvent un moyen naturel d'expression de cette qualité inhérente d'idéalisme qui fait partie de leur nature. Lorsque les enfants chantent ensemble, leur nature est disciplinée tandis que chaque enfant exprime en même temps sa propre individualité. L'activité conjointe de l'oreille, des yeux et de l'esprit tend à cultiver la rapidité de décision et l'exactitude de la pensée. C'est seulement en matière de coordination rythmique que la musique se justifie. Les mouvements rythmiques accompagnés de musique sont depuis longtemps reconnus comme un moyen de développement mental et physique. Toutes sortes d'exercices intéressants et stimulants peuvent être utilisés dans le cadre de l'enseignement des chansons aux petits enfants, et quiconque a déjà observé le développement d'un enfant par un enseignement intelligent du chant et des exercices rythmiques doit avoir compris à quel point sa perception devient aiguë et à quel point la formation est précieuse pour son intelligence générale. La formation au mouvement rythmique est si importante qu'elle devrait faire partie non seulement de toute éducation musicale, mais de tout enseignement primaire, partout dans le monde.

Chanter de belles chansons prépare les enfants par les meilleurs moyens possibles à une compréhension intelligente des compositions des grands maîtres que, faute de cette préparation, de nombreux adultes ne comprennent jamais. L'administrateur de l'éducation qui refuse à un grand compositeur la distinction qu'il accorde à un grand écrivain va à l'encontre du témoignage de générations de personnes cultivées et instruites dans le monde entier et, en outre, reconnaît tacitement qu'il considère que la grandeur est une simple question de expression extérieure. L'élément dans les écrits de Shakespeare, par exemple, qui révèle sa grandeur est le même élément qui révèle celui de Beethoven, à savoir un concept ou une idée imaginative, belle et vraie de la vie humaine. Beethoven est aussi vrai que Shakespeare. La même fantaisie, la même audace, la même grandeur, la même extravagance d'imagination et la même fidélité à la vie se retrouvent chez chacun. Le fait que l'un utilise des mots et l'autre de simples sons n'influence pas du tout le cas, ou même pas du tout, en faveur de la musique, puisque ces éléments ou qualités de vie s'expriment plus directement et plus intensément dans la musique que dans les mots.

Oui, il y a toutes les raisons de donner à la musique une véritable place dans le programme, sauf une, et c'est la suivante : on ne peut pas y passer un examen. Défaut fatal ! Pas de A + ou A - que l'enfant rapporte fièrement à ses parents ; un certain jour, à une certaine heure, vous ne pouvez pas découvrir par un test déterminé ce que, de la belle chose que nous appelons la musique, un enfant a dans son cœur et dans son âme. Le résultat que vous espérez obtenir consiste principalement dans l'amour de la bonne musique et dans la joie de la chanter, résultat qui est susceptible d'influencer le bonheur de l'enfant tout au long de sa vie ; toute la tendance du chant dans les écoles a été de civiliser l'enfant, de le rendre heureux et d'aider à sa coordination physique et mentale ; pourtant vous niez la valeur d'une telle formation, vous refusez de lui accorder une véritable place dans votre programme, vous la qualifiez de mode ou de superflu. Quelle attitude extraordinaire de la part d'une administration éducative ! Le monde n'est alors qu'un lieu de nourriture et de boisson, de routine mécanique, de faits. Il ne doit y avoir aucun rêve ; les fleurs, les ruisseaux et les montagnes, le ciel, les chants des oiseaux et toute la fantaisie de la vie, ce ne sont rien. De beaux objets qui ravissent les yeux, de beaux sons qui remplissent l'âme de bonheur et créent pour nous un monde parfait à nous, ceux-ci sont inutiles car ils ne seront pas soumis à un examen en juin et ne peuvent pas être intégrés. un diplôme. Combien de jeunes, je me demande, sortent de nos établissements d'enseignement avec rien d'autre *qu'un* diplôme ? Ne serait-il pas d'une grande valeur pour les enfants si on leur apprenait à voir et à entendre de manière vivante et intelligente, à être attentifs à tous les beaux objets, à aimer quelques beaux poèmes, à avoir un début de goût pour la littérature, à être capable de chanter de belles chansons, de participer à des chorales et de bien connaître quelques morceaux de Mozart ou de Schubert ? Toutes les grandes choses n'établissent-elles pas des relations et toutes les petites choses n'accentuent-elles pas les différences ? Quelle éducation est meilleure que celle qui unifie l'individu à l'universel ? Tout ce monde de belles lettres, de peinture, de sculpture et de musique, au sens le plus élevé du terme, n'est-il donc pas une éducation pour l'individu ?

Nous marchons en file interminable le long d'un chemin pavé à l'abri du soleil, notre objectif étant un lieu où *l'usage* règne. Atteindre le but et commencer notre travail sous le fouet, en apercevant seulement de temps en temps des étoiles, des fleurs, des ruisseaux, des champs verts, seulement un aperçu, car *l'usage* nous tient ferme. Au bout d'un certain temps, nous les oublions complètement, à mesure que *l'usage* s'empare plus fermement de nous. Nous avançons péniblement, comme une machine, jusqu'à ce que tout sens de la beauté disparaisse et que le monde soit un tapis roulant d'argent et de plaisirs insignifiants. Alors notre cécité réagit sur nos enfants. Nous avons oublié l'impulsion de notre enfance. L'amour des belles choses nous a quitté et nous n'avons plus le sens de leur valeur. Nos enfants doivent-ils continuer à en souffrir ? Doivent-ils, eux aussi, devenir les esclaves de l'usage ?

III. Fausses méthodes d'enseignement

Cette complaisance de notre part à laquelle j'ai fait référence n'est nulle part plus évidente que dans les sommes importantes que nous dépensons pour l'enseignement de la musique et dans notre ignorance des résultats. Les commissions scolaires et les directeurs d'école possèdent généralement peu de connaissances en la matière et n'ont aucun moyen de connaître la qualité et l'effet de l'enseignement musical, si ce n'est par les preuves fournies par le chant des enfants à la fin de l'année scolaire. Personne ne se demande ce que rapportent les mille ou cinquante mille dollars dépensés par la commission scolaire. L'argent est affecté et dépensé en salaires, livres de musique, etc., et là, l'affaire reste en suspens, pour ainsi dire, et on n'en entendra plus parler avant la fin de l'année scolaire. Aucun comité ne supervise la sélection des livres ou des méthodes d'enseignement. Le superviseur est sous contrôle autocratique. Le système est comme une pyramide inversée soutenue par un spectacle occasionnel de chant, par l'excuse fallacieuse selon laquelle le chant est une relaxation après des tâches fastidieuses (fausse car une telle relaxation par le chant pourrait être réalisée sans l'attirail coûteux d'un système musical scolaire), mais surtout soutenu et nourri par la croyance tout aussi fallacieuse selon laquelle lire de la musique « à vue », ainsi appelée, est une fin en soi. Il est si complètement séparé du contrôle exercé sur d'autres matières qu'il est devenu la proie des théoriciens qui ont accumulé autour de lui une masse d'attirail pédagogique tout à fait inconnu dans toute autre forme d'enseignement musical et essentiellement artificiel et encombrant.

J'ai assisté à des congrès d'enseignants où tout l'intérêt était centré sur les méthodes pédagogiques et sur les discussions sur des termes et théories artificiels. J'ai rencontré des enseignants qui disent qu'ils découragent les enfants de chanter, parce que cela détruit leur voix ! et qui limitent leur enseignement à la théorie de la musique. Le fétichisme du chant à vue a flétri l'enseignement des petits enfants, de sorte qu'au lieu de les laisser chanter à l'oreille des chansons simples et belles, ce que presque tous les enfants aiment faire, on leur apprend à l'âge de cinq ou six ans. années, les mystères des intervalles, etc. Et comme les divisions temporelles de la musique présentent des difficultés trop grandes pour leurs jeunes esprits, les lignes de mesure verticales sont écartées, effaçant ainsi les accents et ôtant à la musique un de ses éléments les plus fondamentaux. Cela rend nécessaire la substitution de termes purement empiriques pour décrire les valeurs temporelles des noires, des croches, etc., tels que « type un », « type deux » ; ou bien des termes syllabiques artificiels sont empilés les uns sur les autres jusqu'à ce qu'il en résulte une monstruosité telle que *le tafate-fetifi* .

Il est évident qu'une longue expérience de la musique par le chant devrait précéder toute instruction sur les valeurs temporelles des notes, et que si un enfant a chanté plusieurs fois à l'oreille les sons représentés par ces termes artificiels et a continué à chanter à l'oreille pendant deux ans ou plus, et qu'il a emmagasiné une série d'impressions musicales qui ont développé son goût et son instinct musical, et qu'il a maîtrisé les rudiments des nombres, l'enseignement des notes devient un processus beaucoup plus simple et naturel, n'impliquant d'autres termes que ceux habituellement utilisés en musique. Vous pouvez ensuite appeler une note par son nom généralement accepté : « moitié », « quart », « huitième », etc.

Comment tout cela est-il arrivé ? Principalement à cause de l'indifférence du public et de l'incapacité des autorités scolaires à contrôler l'enseignement. N'ayant jamais été suffisamment instruits en musique pour se rendre compte qu'elle recèle les plus grandes possibilités éducatives, les parents s'intéressent peu à la musique que leurs enfants apprennent à l'école. Le lien entre la musique et la vie est perdu. Le superviseur peut être ou non un bon musicien ; il peut être totalement indifférent aux possibilités supérieures de la musique en tant que facteur d'éducation ; son goût n'a peut-être jamais été correctement formé. Il est susceptible d'être impuissant même s'il ressent le besoin de se réformer car il a besoin de livres de musique et doit prendre ce qu'il peut acheter. La fabrication de livres de musique pour les écoles est devenue trop une question de concurrence commerciale, et en particulier de propagande commerciale, et cette dernière condition est favorisée par les écoles d'été pour superviseurs contrôlées et gérées par les éditeurs de livres de musique scolaires. Le résultat de tout cela est qu'un système pédagogique encombrant s'est solidement ancré dans de nombreuses villes américaines.

L'une des plus grandes difficultés liées à l'enseignement de la musique dans les écoles publiques est l'incapacité de certains professeurs d'enseigner la musique. Le cours quotidien est donné par elle. Le professeur de musique visite chaque salle une fois toutes les deux, trois ou même quatre semaines. Ce n'est pas nécessairement la faute de l'enseignante si elle ne peut pas bien enseigner la musique, car la formation qui lui a été donnée dans les écoles primaires et à l'école normale peut avoir été tout à fait insuffisante. Mais elle doit enseigner la musique, dans le cadre de ses fonctions habituelles. Ma propre observation me porte à croire qu'un bon nombre d'enseignants sont capables de bien faire ce travail, que peu le font aussi bien qu'ils le feraient s'ils recevaient plus de formation, et que certains enseignent si mal qu'il en résulte davantage de préjudices. que bien. En tout cas, je suis opposé à tout transfert de l'enseignement quotidien des professeurs à un expert, non pas parce que je pense que l'expert ne le ferait pas mieux à certains égards, mais parce que cela entraînerait une augmentation très importante des dépenses de notre personnel. écoles et parce que je crois que seuls quelques professeurs sont incapables, s'ils sont correctement formés, de donner un cours de musique satisfaisant. De plus, je crois qu'il faut garder le cours de musique comme un lien de sympathie entre le professeur et les enfants. Le chant est un art tout à fait naturel pour tout être humain qui le commence dès l'enfance et le poursuit tout au long de sa jeunesse. J'attends avec impatience le jour où nous chanterons tous. Je m'oppose au déplacement de l'enseignant dans la seule fonction de la vie scolaire qui est intime, libre et belle, dans laquelle les faits, les membres, les lieux, les événements, les noms sont oubliés et dans laquelle l'esprit de chaque enfant s'exprime *sous la discipline de la beauté* . (Je mets ces mots en italique parce qu'on me dit constamment que l'essentiel dans l'éducation des enfants est de leur donner l'expression de soi ; ce à quoi je réponds que l'expression de soi sauf sous discipline - en utilisant le mot dans son sens plus large - n'a jamais aidé ni l'individu ni la race.) Nous devons nous tourner vers les écoles normales pour cette amélioration de la capacité de nos professeurs à enseigner la musique, et les écoles normales, à leur tour, doivent s'attendre à ce que nos lycées envoient leurs diplômés. la musique soit correctement enseignée, de sorte que les écoles normales n'auront pas à passer du temps (comme elles le font souvent maintenant) à compléter les imperfections de la formation antérieure.

Nous évoluons actuellement dans un cercle vicieux. Beaucoup de nos écoles normales conservent encore quelque chose de cette pédagogie artificielle à laquelle j'ai fait référence et envoient encore des professeurs qui sont, *humainement parlant* , mal préparés à diriger les enfants dans la musique. (Je parle de l'élément humain en la matière, car il est impossible d'enseigner correctement la musique si l'on n'a pas l'expérience du meilleur et si l'on n'aime pas le meilleur plus que tout autre. Tant que nos écoles normales trop d'accent est mis sur la technique d'enseignement de la musique au détriment de ce qui est plus important, aussi longtemps que nos écoles souffriront et il est facilement possible que les autorités scolaires normales se trompent sur ce qu'est la meilleure musique, ainsi que sur la qualité de la musique. une démonstration courageuse de performance musicale.) Le véritable échec dans l'administration de la musique est dû à un faux idéal. Et c'est dans cet idéal ou cet objectif erroné que réside le nœud de toute la question. La quasi-totalité de l'enseignement repose sur la lecture à vue experte de la musique. Entrez dans une salle de classe avec un surveillant pour entendre sa classe chanter et il vous montrera presque invariablement avec fierté la capacité des enfants à chanter à vue. Il vous demandera d'inscrire quelque chose de façon impromptue au tableau pour tester ses compétences. Il vous exposera des classes de très jeunes enfants qui ont déjà appris à lire des notes et qui savent chanter toutes sortes d'exercices simples de la portée.

Qu'entend-on par le terme « chant à vue » ? Cela signifie, si cela signifie quelque chose, qu'une personne doit être capable de chanter correctement dès le premier essai son rôle dans n'importe quel morceau de musique vocale qu'elle n'a jamais vu ou entendu auparavant. Et cela, pour lequel nous dépensons notre argent, est une réalisation entièrement artificielle, puisque dans la vie réelle, nous ne sommes presque jamais obligés de le faire. Le « chant à vue » est devenu un schibboleth. Ce que nous voulons, c'est une capacité raisonnable de lire de la musique, car c'est tout ce que nous sommes appelés à faire dans la vie réelle. Dans les chorales et les chorales de tout le pays, le nombre de chanteurs capables de lire la musique à vue est négligeable, et il n'y en a probablement aucun qui puisse maîtriser d'un seul coup les subtilités de l'écriture chorale moderne. Apprenons donc aux enfants à lire la musique en leur faisant autant d'essais qu'il est nécessaire, et qu'ils acquièrent peu à peu une telle familiarité avec les intervalles et les figures rythmiques qu'ils leur permettront de chanter avec d'autres personnes et d'y prendre plaisir. Nous nous débarrasserons alors d'un idéal artificiel et disposerons d'autant plus de temps pour cultiver la musique pour elle-même. Il va sans dire que la grande majorité des enfants de nos écoles publiques n'atteignent jamais cette expertise qui est l'objectif actuel de l'enseignement. Nous sommes donc confrontés à un double échec : en idéal et en pratique. (Ce n'est pas le lieu de discuter des différentes méthodes d'enseignement du chant à vue. La méthode couramment utilisée dans ce pays est dérivée de la pratique anglaise et nous avons ignoré les systèmes beaucoup plus précis et scientifiques de la France et de l'Allemagne.)

Le surveillant, qui est si fier de la capacité de ses élèves à chanter à vue, devrait s'intéresser avant tout à quelque chose de bien plus important : à savoir leur capacité à chanter un beau morceau de musique et surtout leur joie de le faire, car c'est la seule véritable justification de sa présence là-bas. De nombreux surveillants semblent avoir presque oublié que la musique est une chose de beauté et que la seule façon de la garder vivante dans le cœur d'un enfant est de lui apprendre à chanter de belles chansons. Le contact constant avec des chansons de qualité inférieure pour enfants peut en effet avoir tellement affecté le goût du surveillant qu'il ne peut plus faire lui-même la différence entre le bon et le mauvais.

IV. BONNE OU MAUVAISE MUSIQUE ?

Pendant huit ans donc, dans nos écoles publiques, on apprend aux enfants, autant que possible, à chanter à vue. S'il y a une belle chanson qui présente une certaine difficulté, elle est placée dans le livre à l'endroit où cette difficulté surgit et est traitée comme un test de lecture à vue. Il fait l'objet d'une analyse quant à ses progressions mélodiques, dont chacune est abordée comme un problème technique. C'est précisément la méthode si souvent et si fatalement utilisée à propos de la poésie. Les ailes de l'Alouette des ciels sont coupées ; l'urne grecque devient un spécimen archéologique ; la veille de Sainte Agnès une date dans l'almanach.

Cela m'amène à la partie la plus importante de toute cette affaire. Si le chant à vue expert est non seulement un faux idéal, mais un idéal impossible à atteindre dans les écoles publiques dans les conditions actuelles, qu'est-ce qui justifie notre dépense de sommes d'argent aussi importantes ? La seule justification en est d'amener les enfants à aimer la meilleure musique, et ainsi de former leur goût pour celle-ci, de manière à les rendre capables de distinguer le bien du mal. Maintenant, un test approfondi des enfants de la maternelle ou des classes primaires inférieures de n'importe quelle école publique, où qu'elle soit, révélera sûrement que ces enfants commencent leur vie avec l'étoffe du bon goût en matière de musique. La nature est ici prodigue, prodigue et fidèle. Dans les villages les plus reculés de ce pays, dans les communautés purement industrielles, parmi les pauvres et parmi les riches (tous deux ayant oublié), les enfants adorent les bonnes chansons. C'est leur héritage naturel. Aucun excès de matérialisme au fil des générations ne l'affecte le moins du monde. C'est la dotation primitive ; au plus profond du caractère humain réside une harmonie d'ajustement avec la nature. Superposez-le comme vous le pouvez avec la coutume ou l'habitude ; souillez -le de luxe ; elle persiste encore, car sans elle, la vie humaine ne peut exister.

Cette base idéaliste de la vie humaine, qui ne se détruit jamais, apparaît fraîche et intacte chez les enfants et jaillit dans leurs chants comme d'une source pure. [5]

Il a été souvent commenté qu'il n'y a pas eu d'augmentation du chant choral, que ce soit en ville ou en ville, comme notre enseignement musical dans les écoles publiques devrait nous le laisser espérer. En fait, les innombrables jeunes diplômés de nos écoles semblent n'avoir pratiquement aucune influence sur le chant choral. Cela reste encore la moindre de nos activités musicales. Il est plus difficile que jamais de convaincre les personnes suffisamment soucieuses de la pratique du chant de venir aux répétitions. Le chant choral volontaire, pour le plaisir qu'on en retire, est rare. Nos écoles publiques ne sont-elles pas en partie responsables de cette situation ? Ce goût naturel et cet amour pour la bonne musique, dont je viens de parler, ne sont-ils pas laissés tomber et finalement presque disparaître ? Et n'est-ce pas en grande partie le résultat d'un excès d'enseignement technique et de trop peu de bonne musique ? Je sais qu'il y a beaucoup plus de distractions pour les enfants qu'autrefois ; Je sais que l'influence du foyer en matière de musique est faible et que les parents assument moins de responsabilités à l'égard de leurs enfants qu'avant. Mais, malgré tout cela, l'enseignement musical dans les écoles publiques ne remplit pas sa fonction propre et ne peut espérer le faire tant qu'il n'aura pas changé ses idéaux.

Il n'y a aucun doute que, d'une manière générale, la meilleure musique pour former le goût des jeunes enfants est celle connue sous le nom de « chanson populaire ». L'hypothèse selon laquelle n'importe quel musicien est capable de composer une belle chanson durable adaptée aux enfants est fausse dans son essence même. L'apparition constante de nouvelles chansons pour enfants et leur disparition inévitable au cours de la génération suivante en sont une preuve suffisante, indépendamment des preuves indubitables contenues dans les chansons elles-mêmes. En réalité, le bon air est juste, le mauvais est mauvais ; la bonne mélodie est conforme à la nature et fait partie de celle-ci ; la mauvaise mélodie est fausse en quantité et en sentiment, et ne fait pas partie de la nature. La mélodie est simple, honnête et sincère dans ses sentiments ; la mélodie inférieure prétend l'être, mais ce n'est pas le cas. De beaux airs simples, du genre que les enfants peuvent chanter, ont été composés – « Way Down upon the Suwanee River » en est un exemple – mais ils sont très peu nombreux. La seule garantie est de s'en tenir principalement aux mélodies anciennes dont la qualité a été prouvée. Et puisque le nombre de beaux airs populaires est plus que suffisant pour notre propos, et que la plupart d'entre eux ne sont pas protégés par le droit d'auteur, il ne semble y avoir aucune raison pour qu'ils ne constituent pas la plus grande partie de la musique que nous donnons à nos enfants. chanter dans leurs premières années de vie scolaire.

J'ai dit que les enfants préféraient les vrais airs aux faux. Nous disposons donc d'une base parfaitement solide sur laquelle bâtir. Mais il ne faut pas oublier que chanter est en soi un passe-temps agréable pour les enfants et que leur goût peut aussi bien être abaissé que élevé. Avec leur bon goût fondamental sur lequel s'appuyer, nous pouvons être raisonnablement sûrs d'atteindre notre objectif si nous leur fournissons tout au long de leur vie scolaire la meilleure musique et aucune autre. Cela n'est pas le cas et c'est principalement à cela que l'on peut attribuer l'incapacité de notre musique scolaire à se justifier.

Cela n'est nulle part plus évident que là où cela fera le plus de mal, à savoir à l'école maternelle. Et cela est vrai pour les jardins d'enfants en général. Dans le processus visant à fournir aux très jeunes enfants des paroles appropriées pour leurs chansons – qui à l'école maternelle sont considérées comme de première importance – l'effet d'une musique inférieure semble avoir été entièrement ignoré. En d'autres termes, le sens par lequel les jeunes enfants reçoivent leurs impressions les plus vives a été systématiquement et constamment violé. J'ai examiné un grand nombre de recueils de chansons utilisés dans les jardins d'enfants américains et je n'en ai jamais trouvé un qui soit vraiment adapté à l'apprentissage du goût musical des jeunes enfants. Notre désir d'un système pédagogique complet est caractéristique ; c'est notre refuge, notre rempart. Au lieu d'affronter les problèmes réels tels qu'ils sont, nous prenons un système tout fait – qu'une autre personne perplexe a créé pour se protéger – et nous procédons à son adoption *dans son intégralité* . Je veux dire par là que la coutume des autorités des écoles maternelles est d'acheter un livre sur le marché libre – un livre dont la seule garantie est qu'il est à vendre. Il contient probablement de la musique de qualité inférieure, mais l'acheteur ne pose aucune question. Désormais, un professeur entreprenant et bien équipé pourrait rassembler pendant les vacances d'été vingt-cinq chansons folkloriques simples, faire écrire pour elles des paroles appropriées, les faire polycopier (si davantage d'exemplaires étaient nécessaires) et les mettre en pratique dans son école. école. Je ne dis rien de l'avantage qu'elle tirerait de cela.

Il est donc évident que la musique de nos écoles publiques connaît de grandes difficultés. Les classes sont trop nombreuses, parfois quarante-cinq enfants par salle, la durée des cours de musique est trop courte ; le professeur de musique visite chaque salle à des intervalles trop espacés ; le professeur n'est peut-être pas suffisamment qualifié pour enseigner la musique et l'intérêt du directeur pour cette activité peut être superficiel. L'étude elle-même est donc irrégulière, comme cela doit être le cas lorsque de telles conditions existent. Pourtant, nous essayons de produire des résultats *d'experts* . Pourquoi ne pas nous dire que puisque notre population dans son ensemble ne s'intéresse pas encore activement à la meilleure musique, et qu'il est peu probable que les enfants en entendent beaucoup en dehors de l'école, et que par nature, par habitude et par association, il n'y a vraiment rien dans notre vie musicale pour justifier de dépenser notre argent dans l'enseignement du chant à vue expert aux enfants – l'entreprise étant en un sens anormale et détachée ; pourquoi ne pas se dire : « Il faut d'abord apprendre à nos enfants à aimer la meilleure musique, et ensuite il faut les entraîner à la lire, pas nécessairement « à vue », mais à la lire suffisamment bien pour satisfaire toutes les exigences probables. être fait dans cette direction après la vie. [6] Je balayerais la moitié de l'attirail pédagogique de notre enseignement musical dans les écoles publiques. Je crois que des résultats bien plus précieux pourraient être obtenus par un contact constant avec la meilleure musique et par une observation continue de celle-ci, avec un minimum d'exercices techniques. Je crois que les processus musicaux n'ont aucune signification, sauf dans la mesure où ils apparaissent dans les grandes compositions, et qu'un contact constant et l'observation de la belle musique ont plus de valeur que l'étude des règles selon lesquelles elle est créée ou de la technique par laquelle elle est créée. est produit. En musique comme en poésie, nous déduisons les règles et les lois des objets artistiques eux-mêmes. Le compositeur et le poète sont pour nous ce que la nature est pour eux.

V. TENTATIVES DE RÉFORME

J'ai tiré les conclusions qui précèdent d'une observation et d'une expérience approfondies de la musique dans les écoles publiques, et je dois ajouter - de peur que le récit ne paraisse trop désespéré - que dans un nombre considérable d'endroits, des hommes et des femmes intelligents et ouverts d'esprit ont fait de leur mieux. pour endiguer la marée d'une musique inférieure et de méthodes d'enseignement artificielles. Au cours des deux dernières années, j'ai siégé à un comité consultatif non rémunéré nommé par le comité scolaire de la ville de Boston pour améliorer l'enseignement de la musique dans les écoles publiques. Le comité scolaire de Boston est composé de cinq personnes élues par le peuple. Ils ont pris conscience de l'inefficacité de l'enseignement grâce à une enquête indépendante menée par le Dr AT Davison, de l'Université Harvard (qui est le président de notre comité), et ils lui ont demandé de former un comité pour les aider. Boston dépensait quelque quarante mille dollars pour la musique dans les écoles publiques. Au cours d'une année scolaire, les membres de notre comité ont visité les écoles, prenant note de ce qu'ils ont entendu et vu, et enfin chaque membre a soumis un rapport écrit au président. Celles-ci ont servi de base à un rapport général au comité scolaire qui les a acceptées.

L'enseignement de Boston était particulièrement faible en ce qui concerne le rythme, et ce pour une raison parfaitement simple. Le rythme a été enseigné non pas comme une action, ce qu'il est, mais comme un symbole, ce qu'il n'est pas. En d'autres termes, les différentes figures rythmiques étaient enseignées par l'esprit plutôt que par le corps. Ces figures rythmiques reçurent des noms arbitraires (auxquels j'ai déjà fait référence) et les enfants, regardant les symboles, entendirent le nom étrange qui leur était donné et, assis tout à fait immobiles, produisirent les sons requis. Les professeurs n'ont même pas battu le temps. La réponse habituelle que nous obtenions lorsque nous posions des questions sur le rythme était : « Oh, ils ressentent le rythme. » C'était peut-être vrai, mais si c'était le cas, les enfants étaient des individualistes extrêmes ! Ce type d'enseignement rythmique est courant aux États-Unis et le défaut est grave. Les complications arithmétiques du rythme en musique ne devraient jamais être enseignées aux petits enfants. De même qu'ils doivent chanter la mélodie en imitant le professeur, de même il faut leur apprendre le rythme en imitant, *dans l'action* , la valeur temporelle des notes. Un enfant qui a chanté une chanson populaire simple plusieurs fois et qui a dansé, ou marché, ou tapé dans ses mains au rythme exact des notes, peut apprendre plus tard les noms de hauteur et les noms de temps de ces notes sans le moindre bruit. difficulté et sans aucun subterfuge. Dans une salle de classe contenant une quarantaine d'enfants et avec un espace largement occupé par des pupitres et des sièges, il est bien entendu impossible de réaliser de longs exercices de rythme. Mais tous les efforts devraient être faits pour enseigner les rythmes musicaux sous forme d'action avant de les enseigner sous forme de sons. Dans la mesure du possible, les cours doivent avoir lieu dans la salle de réunion, où il y a un espace ouvert suffisamment grand, pour de tels exercices.

Mais la situation la plus pénible dans les écoles de Boston – et cela serait plus ou moins vrai partout dans notre pays – était que tous les enfants des classes maternelles et primaires apprenaient des chansons qui finiraient par détruire leur goût naturel pour la belle musique. C'est le seul grand reproche contre la musique dans les écoles publiques aux États-Unis : elle a été créée sur commande pour des manuels scolaires et pour répondre à des problèmes techniques, et par conséquent elle ne parvient pas à conserver l'allégeance des enfants. Seuls les meilleurs pourront y parvenir, et tant que nous ne fournirons pas le meilleur, notre école de musique sera vouée à l'échec. Notre comité, comme étape préliminaire vers une réforme, a recommandé que tout enseignement de la lecture musicale soit reporté à la dernière moitié de la troisième année. Cela nous a permis d'instituer le chant à l'oreille et en même temps d'enseigner le rythme en battant la mesure, en applaudissant, en marchant, etc. Un livre de chansons folkloriques a été compilé par le Dr Davison et moi-même et a été adopté et publié [7] par le comité d'école. La plus grande difficulté ici a été de trouver des couplets adaptés aux chansons les plus simples. Nous avons consacré beaucoup de temps à cette question et, même là, nous n'avons pas toujours réussi. Il est difficile d'obtenir de bons vers pour les très jeunes enfants et, par exemple, à quel point le processus de création d'un livre de telles chansons est laborieux, nous avons parfois reçu une demi-douzaine de séries de vers pour une mélodie simple sans en trouver une qui nous paraisse appropriée.

Il est peut-être trop tôt pour tirer des conclusions très précises des résultats de ces réformes dans les écoles de Boston. Une chose est sûre : un très grand nombre d'enfants de cinq, six et sept ans chantent aujourd'hui de très belles chansons sans voir aucune musique et sans qu'on leur dise quoi que ce soit sur les notes, les silences, les intervalles, etc., qui se produisent en eux. Grâce à l'expérience de ces deux années et demie de chant à l'oreille, nous développerons l'habileté à chanter par note et cette habileté sera acquise avec beaucoup plus de facilité qu'il ne serait possible autrement. Il convient également de noter que les dépenses en livres de musique dans ces niveaux (et il en sera de même pour les niveaux ultérieurs) sont plus que réduites de moitié. À l'école maternelle et dans les premières classes primaires, les enfants chantent sans livre ; dans les deuxième et troisième années, ils utilisent un recueil de paroles simple et peu coûteux, tandis que les enseignants de ces années utilisent le petit recueil de chansons folkloriques déjà mentionné.

Dans les écoles de Boston, quatre-vingt-dix minutes par semaine sont consacrées au dessin et soixante minutes par semaine à la musique. Il est évident qu'une leçon quotidienne de musique d'une durée de douze minutes est totalement insuffisante pour un enseignement adéquat. Une augmentation à vingt minutes par jour ou à trois demi-heures par semaine est hautement souhaitable. Dans de nombreuses écoles, on consacre trop de temps à la préparation de la musique pour les exercices de fin d'études. A défaut d'examen, que reste-t-il sinon une exposition ?

Réformer un système ou une méthode d'éducation solidement enracinés constitue une tâche très difficile. Ce qui est démontré de manière concluante comme une méthode plus sensée va à l'encontre de l'intérêt personnel, de la tradition, de l'immobilité intellectuelle (pour utiliser un terme modéré !) et d'autres oppositions encore plus violentes. Les réformes que nous instituons à Boston ont besoin de la force combinée de toutes les personnes en position d'autorité, de tout le corps enseignant et de l'opinion publique. Aucune de ces forces n'est pleinement exercée en raison de circonstances sur lesquelles nous n'avons aucun contrôle. Mais nous avons accompli quelque chose, car nous avons réduit les dépenses et nous avons simplifié l'enseignement ; et chacune de ces améliorations était malheureusement nécessaire.

VI. AUTRES ACTIVITÉS EN MUSIQUE SCOLAIRE

L'un des signes encourageants de nos progrès concerne le jeu orchestral. Les orchestres scolaires sont devenus des éléments importants de la vie scolaire et l'excellence de certains orchestres est remarquable. Il éclipse souvent le chant et est souvent autonome, étant sous la direction non des professeurs de musique, mais du directeur ou de l'un de ses assistants. Dans ce département d'enseignement musical, comme dans les cours de chant, beaucoup dépend de l'attitude du directeur. Dans nos écoles de Boston, il existe des exemples remarquables de bonne musique encouragée et soutenue par des directeurs enthousiastes qui mettent beaucoup l'accent sur cela par opposition à la simple expertise technique. Des crédits pour le diplôme d'études secondaires sont désormais accordés à Boston pour l'étude du pianoforte ou d'un instrument d'orchestre en dehors des heures de classe et avec des professeurs indépendants. Des listes sont publiées pour indiquer le niveau de musique et d'interprétation pour chaque niveau, et des certificats d'heures de pratique sont exigés des parents. Le succès de ce système de crédits dépend de l'obtention d'examinateurs compétents qui n'ont aucun lien avec les écoles, car c'est ainsi que les enseignants pauvres sont progressivement éliminés. De nombreuses salles d'école sont équipées de phonographes qui peuvent constituer un puissant facteur de développement ou de destruction du goût des enfants. Une liste approuvée de disques pour les écoles de Boston est en cours de préparation afin d'éliminer les musiques indésirables et d'augmenter l'utilité des instruments.

Chanter à l'oreille spontanément et sans instruction technique, mais plutôt pour le plaisir de le faire et pour la formation du goût sur de bons modèles, est le bon début de toute éducation musicale. Une telle expérience, couplée à des exercices rythmiques appropriés, constitue une véritable base, non seulement pour le chant à vue, mais pour l'interprétation sur n'importe quel instrument. Aucun enfant ne devrait être admis pour un éventuel crédit en matière de pianoforte ou être autorisé à entrer dans des cours de violon s'il n'est pas préparé au chant et au rythme. Le pianoforte ne révèle ni ne corrige l'oreille défectueuse ; le violon, en revanche, le révèle, sans pour autant le corriger. Un rythme défectueux ne peut être correctement corrigé que par de véritables mouvements rythmiques du corps.

De nombreuses écoles secondaires proposent désormais des cours sur ce qu'on appelle « l'appréciation de la musique ». Le succès de ces cours dépend dans une large mesure de la qualité de la musique utilisée dans les classes primaires et de grammaire. Si les enfants chantent depuis huit ans une musique de qualité inférieure, les difficultés qu'il y a à leur apprendre à apprécier la meilleure s'accroissent d'autant. Si, au contraire, leur goût a été soigneusement formé sur de bons modèles, l'initiation à la grande musique est déjà faite. En étudiant les symphonies, par exemple, on commencerait par Haydn, dont les symphonies et la musique de chambre sont largement basées sur des mélodies populaires. Bref, les cours d'appréciation devraient être le point culminant de l'éducation musicale de nos jeunes. De tels cours devraient avoir pour objectif avant tout de développer la mémoire musicale, car celle-ci est absolument indispensable à quiconque souhaite écouter de la musique intelligemment. Après cela, l'étudiant doit écouter des pièces instrumentales simples dont le style et la forme doivent être expliqués, et l'explication doit être aussi peu technique que possible [8] . Chacune des propriétés ou qualités de la musique est susceptible d'être traitée sur le plan général de l'esthétique, et le succès d'une personne à apprendre à la comprendre aux jeunes dépend dans une large mesure de la capacité de la présenter ainsi. Le professeur et un assistant doivent jouer sur un pianoforte toute la musique étudiée ou, à défaut, faire appel à un piano mécanique.

Et maintenant, permettez-moi de dire que la mesure la plus importante et la plus bénéfique qu'une communauté puisse prendre pour améliorer sa musique scolaire serait de trouver un superviseur qui ne soit pas entaché par les théories pédagogiques américaines actuelles du chant à vue, et qui n'essaiera pas d'enseigner aux petits enfants quelque chose qu'ils ont appris. ne peut pas comprendre, et qui n'utilisera que la meilleure musique de la maternelle au lycée. Aucune communauté n'est vraiment impuissante si elle veut se mobiliser. Si notre enseignement musical dans les écoles publiques était bien conçu et correctement administré et si nos enfants apprenaient à chanter uniquement la meilleure musique, nous pourrions espérer un moment, pas très lointain, où une génération de mélomanes remplacerait la génération actuelle de dégustateurs de musique. Nos jeunes seraient naturellement attirés par les chorales et les sociétés de chant. Des groupes de personnes se rassemblaient pour chanter ; les familles chantaient ensemble ; il y aurait des soirées de musique de chambre ; nous devrions passer de nombreuses soirées tranquilles à la maison à écouter Mozart et Beethoven au lieu de jouer au bridge ou d'aller au cinéma. L'ensemble de la musique américaine serait affecté par l'afflux de ces jeunes avides de ce qu'il y a de mieux. Avec le temps, peut-être – même s'il ne faut pas s'attendre au millénaire – la chanson insipide du salon disparaîtrait avec le tintement de la pièce maîtresse du piano. « Les violoncellistes joueraient quelque chose de mieux que des morceaux de Popper ; le treizième concerto de Viotti et la trentième rhapsodie hongroise seraient relégués dans les limbes où reposent désormais (nous l'espérons dans la mort) la « Bataille de Prague » et les « Cloches du monastère ». Cela ne peut pas se faire par hasard. Il faut s'y mettre ; et le point de départ est dans nos écoles publiques.

NOTES DE BAS DE PAGE :

[5] Une certaine petite proportion d'enfants sont en retard en musique, mais la possibilité de leur apprendre à chanter a depuis longtemps été démontrée de manière satisfaisante. Ils nécessitent une attention particulière qu'il est difficile de leur accorder dans les écoles publiques. Je pense qu'ils ne devraient jamais être retirés de leur place dans la salle et placés d'un côté, mais qu'il faudrait leur demander d'écouter les autres enfants et, de temps en temps, de chanter avec eux, l'enseignant se tenant à proximité pour les aider et les encourager.

[6] Je ne veux pas dire par ce qui précède que je considère qu'un certain degré d'expertise dans la lecture de musique « à vue » est impossible pour les enfants. Ce que j'ai dit se rapporte entièrement à nos écoles publiques telles qu'elles sont actuellement constituées et aux dispositions prises actuellement pour l'enseignement de la musique. L'enseignement du chant à vue nécessite les services d'un expert, plus de temps que n'en donnent nos écoles aujourd'hui, et une méthode plus scientifique que celle qu'on emploie aujourd'hui.

[7] Maintenant publié par la Boston Music Company, 26 West Street, Boston, Massachusetts.

[8] Le contrepoint, par exemple, est, à proprement parler, note contre note, deux mélodies parallèles l'une à l'autre ; Esthétiquement, le contrepoint consiste à éclairer, illustrer ou développer une phrase ou un thème par *parties* de *lui-même* – ce qui, en architecture, serait décrit comme faisant pousser l'ornement hors de la structure.

CHAPITRE IV
MUSIQUE COMMUNAUTAIRE

I. MUSIQUE PAR PROCURATION

Dans les chapitres précédents, j'ai traité de sujets musicaux particuliers et j'ai constamment fait référence à la musique comme à un art distinct et indépendant ayant ses propres raisons d'exister. J'ai également traité de certaines de ses fonctions spéciales ainsi que de ses relations avec l'éducation des enfants. Dans le présent chapitre, mon objectif est de discuter de la musique dans ses relations avec les communautés, grandes et petites, et cela nécessite de la traiter sur le terrain le plus large possible.

Par musique communautaire, j'entends d'abord la musique à laquelle participent tous les membres d'une communauté ; deuxièmement, la musique produite par certains membres de la communauté pour le bénéfice et le plaisir des autres ; et troisièmement, la musique qui, bien qu'interprétée par des artistes rémunérés, exprime néanmoins d'une manière ou d'une autre la volonté de la communauté dans son ensemble. Je ne me réfugierai pas derrière des généralités ou des théories esthétiques. Je veux toucher tout le monde, y compris la personne qui dit : « Je ne connais rien à la musique mais je sais ce que j'aime », et cette autre personne extraordinaire qui dit : « Je ne connais que deux morceaux, dont l'un est « Yankee ». Doodle' » - chacune de ces affirmations étant tout à fait incompréhensible, car c'est en effet un pauvre homme qui ne sait pas ce qu'il aime, et quiconque connaît « Yankee Doodle » n'a aucune excuse pour ne pas savoir quel est l'autre air, ou , en ce qui concerne cela, qu'est-ce que n'importe quelle autre mélodie. En bref, je fais appel à des terrains communs concernant une chose commune. Ma seule question est la suivante : s'il existe un moyen d'intéresser, de ravir et d'élever un grand nombre de gens à très peu de frais, par quelque chose qu'ils peuvent tous faire ensemble et qui les met tous en sympathie les uns avec les autres, et si le Le résultat de cette coopération est de produire quelque chose de beau, cela n'en vaut-il pas la peine ? J'ai l'intention d'apporter une réponse aussi complète à cette question que l'espace le permet.

C'est dans le « faire » et le « faire ensemble » que réside le nœud du problème, car un lien purement extérieur avec la musique n'apporte jamais une compréhension complète de celle-ci. Il n'est pas exagéré de dire que notre lien avec presque toutes les choses artistiques est en grande partie externe. Nous ne dessinons pas ; nous n'entraînons pas l'œil à voir ni la main à sentir et à toucher, et les objets artistiques nous restent dans une certaine mesure étranges et inintelligibles. Toute la tendance de la vie moderne et de l'éducation moderne est de déléguer les fonctions qui concernent notre être intérieur. Nous déléguons notre religion à un prédicateur ou à un dogme ;

nous déléguons notre éducation à un programme aplani à un niveau commun ; certains d'entre nous délèguent même la formation d'une opinion sur les événements du passé à un dirigeant qui nous les présente dans un cours « actualité ». La religion, la connaissance, l'opinion de plusieurs personnes appartiennent à quelqu'un d'autre. Beaucoup d' hommes préfèrent un roman de qualité inférieure parce que l'auteur non seulement l'écrit, mais le lit pour lui, alors que pour le sage, l'auteur pourrait presque être qualifié d'amanuensis. Quoi qu'il en soit, un écrivain véritablement puissant ne fait jamais plus que sa part. Il dépend de nous pour le compléter. Et dans le même cas, si nous voulons comprendre et aimer la musique, nous devons l'utiliser ; le compositeur dépend de nous autant que l'auteur.

Ce lien extérieur avec la musique et ce manque d'intimité avec la chose elle-même nous amènent naturellement à insister sur l'exécution de celle-ci. On se délecte de la technique et on exalte la personnalité des musiciens et des chanteurs. Dans nos opéras, nous ne sommes satisfaits que lorsque nous avons un casting de « stars » dont nous nous attendons à être étonnés plutôt que ravis et élevés. Or, le bon chant, en tant que tel, n'a que peu d'importance, sauf comme moyen de reproduire de la belle musique. Si le bon chant signifie un sacrifice de l'effet musical ; s'il détruit l' *ensemble* ; si cela limite le répertoire, alors cela n'en vaut pas la peine. Pourquoi devrait-il le faire ? Tout simplement parce que les spectateurs de l'opéra en souffrent, et pour aucune autre raison au monde. Il suffit de mentionner un projet raisonnable d'opéra – tel qu'il en a été réalisé depuis des générations dans les villes françaises, italiennes et allemandes – pour faire rire ces dévots qui sont restés assis pendant des années aux pieds de la magnificence, se réchauffant dans l'éclat de la magnificence. de dorures et de bijoux. Il en va de même pour les récitals solistes et les concerts avec orchestre. On entend continuellement parler de la technique des pianistes et des violonistes, ou des mérites comparés de nos différents orchestres. La fierté locale — la dernière chose au monde qui se rattache au jugement artistique — s'affirme en faveur de tel ou tel orchestre, jusqu'à ce qu'il semble presque que le seul but d'avoir un orchestre soit de surpasser tous les autres. Combien de fois, au contraire, entendons-nous discuter intelligemment de la musique elle-même ? En bref, nous essayons d'être musicaux par procuration au moyen d'une interprétation occasionnelle par d'autres personnes d'une musique dont la plupart nous sont inconnues et, par conséquent, inintelligibles. C'est comme essayer d'être religieux en allant à l'église une fois par semaine et, en s'asseyant passivement, en se faisant prêcher et en chantant ! Les communautés les plus musicales ne sont pas celles où toute la musique de l'année est rassemblée dans un festival de trois ou quatre jours, mais celles où l'on fait le plus de vraie musique à la maison. Autrefois, un festival musical allemand était le point culminant d'une année entière d'activité musicale saine et l'occasion de produire de nouvelles œuvres et une grande variété d'œuvres anciennes. Un festival anglais ou américain, c'est d'abord l'occasion d'entendre « Le Messie », et ensuite d'entendre un soliste célèbre. La fréquentation à ces deux occasions est toujours beaucoup plus nombreuse qu'à toutes les autres. N'est-il pas vrai que toutes les fonctions supérieures de l'âme d'un homme ou d'une femme ou d'une communauté ne peuvent être préservées qu'en étant exercées ?

Dans ce qui suit, j'essaierai de montrer comment nous pouvons échapper aux conditions dans lesquelles nous nous reposons trop complaisamment. Le matériau pour le changement est abondant, car il y a dans chaque communauté beaucoup plus d'amour pour la musique qu'il n'y paraît ; les moyens sont simples et peu coûteux, car il suffit de quelques dollars de bonne musique, d'une salle pour répéter, d'un piano et d'un chef. Amorçons vers une compréhension sincère et intime de la musique en la créant nous-mêmes. Abandonnons la critique des autres et commençons à construire. Nous apprendrons alors à voir la musique telle qu'elle est et à la valoriser en conséquence.

II. NOS ACTIVITÉS MUSICALES

En guise de préliminaire à cette discussion, il serait bon d'examiner le statut actuel de la musique parmi nous et de voir à quel point nous nous rapprochons de cette intimité nécessaire avec l'art.

Dans toute petite communauté américaine, la première impression que l'on a de la musique est qu'elle est utile pour combler les lacunes. Au théâtre, avant les réunions publiques, lors d'événements sociaux de toutes sortes, la musique est jouée au rythme d'une conversation incessante ou pendant que les gens entrent et sortent. L'art devient, en conséquence, comme le claquement du fouet avant le départ de l'équipe, ou comme les discours et gestes superficiels des commodités sociales ; cela n'est rien en soi et tombe en conséquence dans notre estimation. Il est vrai que dans de tels moments, on ne joue généralement que de la musique triviale, mais cela ne fait qu'aggraver la situation, car après tout, cela passe pour de la musique. Un mauvais morceau de musique au théâtre ou pendant un dîner au restaurant n'est qu'une nuisance ; une bonne pièce se heurte à un flot de conversations, de tintements de verres et autres perturbations, et se perd ; on a l'impression que son compositeur a été insulté. Toute cette musique accessoire doit être en partie due au déclin de la conversation. Nous sommes déchargés de toute responsabilité, à l'exception d'un « oui » ou d'un « non » occasionnels criés au-dessus du vacarme.

La véritable activité musicale dans une petite communauté moyenne est limitée à un très petit nombre de ses habitants. Seules quelques personnes chantent ; un nombre beaucoup plus restreint de personnes jouent d'un instrument de musique. Il existe ici et là des chœurs composés de chanteurs bénévoles, mais l'esprit qui animait les anciens chœurs – cet esprit que Hardy a célébré avec tant d'amour dans « Under the Greenwood Tree » – a disparu. Chanter des cantiques à l'église est souvent terriblement mauvais, et pour cause, puisque les compositeurs d'airs de cantiques modernes prennent rarement en considération les besoins et les souhaits des congrégations. La musique d'église a été déléguée par nous à des chanteurs rémunérés, et notre musique d'église devient un concert à peine déguisé ou, lorsque le quatuor vocal vraiment abominable fournit la musique, un véritable concert.

Quelle époque c'était lorsque les vieux William Dewey et Dicky, ainsi que Reuben et Michael Mail jouaient dans l'église de Mellstock ! Quel beau caractère personnel une telle musique avait ! Comme ils aimaient jouer, ces simples rustiques, et comme la relation entre leur musique et les gens et le lieu était intime ! Lisez les premiers chapitres de « Under the Greenwood Tree » et écoutez les discussions passionnées entre les joueurs avant de partir en tournée de Noël. « Ils auraient dû s'en tenir aux cordes comme nous l'avons fait, éloigner les clarinettes et éliminer les serpents. Si vous voulez prospérer dans la religion musicale, tenez-vous-en aux cordes, dis-je. ... "Pourtant, il y a des choses pires que les serpents", a déclaré M. Penny. « Les vieilles choses passent, c'est vrai ; mais un serpent était un bon vieux billet ; une note riche et profonde était le serpent. ... 'Robert Penny, tu avais raison !' » interrompit l'aîné Dewey. «Ils auraient dû s'en tenir aux ficelles.» « Votre homme de cuivre est un chien de rafting… bien et bien ; votre homme à roseaux est doué pour vous remuer – bien et bien ; votre batteur est un rare casse-intestins – encore une fois. Mais peu m'importe qui m'entend le dire, rien ne vous touchera le cœur avec la douceur de l'homme aux cordes.

Dans la préface de son livre, Hardy parle de l'avantage qu'avait les églises de village de cette époque d'avoir ces musiciens et chanteurs bénévoles, et comment leur remplacement par l'harmonium avec son seul instrument « a eu tendance à abrutir les objectifs déclarés du clergé, ses objectifs ». le résultat direct étant de restreindre et d'éteindre l'intérêt des paroissiens pour les activités de l'Église. Cela est vrai aujourd'hui dans nos propres églises de village, car nous considérons la musique plus comme un moyen de divertir les fidèles que de susciter leur intérêt pour les offices.

Les clubs de femmes assurent une certaine forme de vie musicale aux petites communautés. Ils encouragent l'exécution par leurs membres de programmes plutôt variés de pièces et de chansons pour piano, avec un concert occasionnel d'un artiste rémunéré étranger, et ils étudient parfois un compositeur ou une période musicale. Beaucoup d'entre eux perdent de vue le seul moyen possible d'influencer de manière vitale la vie musicale de leurs propres membres et de la communauté dans son ensemble.

Dans certaines des communautés dont je parle, il existe des sociétés chorales. Rares sont les pays où l'on trouve une organisation chorale durable et continue qui donne, année après année, des concerts soutenus par le grand public. L'histoire du chant choral en Amérique montre un effort constant pour atteindre des résultats grandioses plutôt que pour favoriser l'amour du chant choral pour lui-même. Les sociétés de chant sont continuellement détruites par les dépenses liées aux solistes hautement rémunérés et s'efforcent continuellement d'atteindre quelque chose qui leur est hors de portée.

Cette affirmation ne serait pas complète si nous omettions les instruments qui jouent eux-mêmes. Les possibilités pédagogiques de ces instruments n'ont pas été exploitées, car ils sont utilisés principalement à des fins de divertissement. Malgré les sélections extraordinaires de musique qu'on trouve dans les maisons, et malgré la propension apparemment incorrigible à entendre du chant, par opposition à entendre de la musique, je veux parler du chant exagéré et grotesque de certains personnages célèbres qui se soucient principalement de la sensation. — le graphophone, qui a l'avantage pratique d'être portable et peu coûteux, — il a transformé bien des fermes isolées, — et les joueurs de piano mécanique sont devenus si populaires qu'on ne peut que conclure qu'il existe une multitude de gens dont le désir de la musique n'a jamais été satisfaite auparavant. Puissions-nous que ce désir puisse être transformé en canaux appropriés ; que ces instruments pourraient être utilisés systématiquement pour développer le goût et développer la compréhension de la grande musique. La plupart des utilisateurs n'ont aucun moyen de savoir quoi acheter. S'ils pouvaient entendre la meilleure musique, leur allégeance serait probablement assurée. Combien de parents pensent à la responsabilité qui leur incombe de préserver ou d'améliorer le goût musical de leurs enfants par une surveillance attentive des disques ou des rouleaux utilisés avec ces instruments ?

Ceci complète la liste de nos activités personnelles en musique. Et nous devons admettre que le point le plus décourageant de tous arrive à la fin. Car nous faisons notre petite musique, au coin de notre feu, là où toutes les bonnes choses devraient commencer et où nous devrions trouver la communauté en embryon. Quel élément délicieux dans la vie de famille que de se réunir pour chanter ensemble jeunes et vieux ! Combien peu de familles cultivent cette coutume ! Combien peu de parents, qu'ils s'en soucient eux-mêmes ou non, se rendent compte que leurs enfants en profiteraient et en seraient aidés ! Pourquoi de tels parents ne devraient-ils pas commencer tout de suite et être encouragés, ou même instruits par leurs enfants, jusqu'à ce que tous soient capables de chanter ensemble de bon cœur ? Ne vaut-il pas la peine de préserver le sens musical des enfants, afin qu'ils ne soient pas, lorsqu'ils atteindront votre âge, impuissants comme vous ? Êtes-vous satisfait que la musique de votre enfant soit simplement achetée et payée à l'extérieur de la maison ? Comment peut-on espérer qu'elle prospère dans de telles conditions ? Laissez les enfants vous apprendre, si besoin est. Copiez-les, apprenez leurs chansons à l'oreille et découvrez ce qu'est réellement la musique !

Ce peu d'activité musicale ne reflète pas entièrement notre lien avec cet art, car presque toutes les communautés, à l'exception des plus petites, dépensent des sommes considérables pour des concerts d'artistes rémunérés de l'étranger. Mais il est sans doute vrai que la majorité des habitants d'une petite communauté n'entendent que très peu de vraie musique, sauf lors de concerts occasionnels, et si une belle composition est interprétée, ils l'entendent rarement à nouveau, de sorte qu'il leur est évidemment impossible de comprendre. il. Dans les villes de cinq à vingt mille habitants répartis dans tout le pays, on a très peu conscience de ce qu'est réellement la musique. Des artistes hautement rémunérés apparaissent occasionnellement et la fierté locale s'affirme pour leur prodiguer l'adulation à laquelle ils sont habitués, mais la véritable activité musicale ou le véritable sentiment musical sont confinés à quelques-uns.

Dans les grandes communautés, ces conditions sont reproduites et même exagérées. Là-bas, presque toute la musique est achetée et payée, et très peu est faite maison. Presque tous les chœurs sont composés de chanteurs rémunérés. Dans les villes comme à la campagne, les chorales peinent à trouver des hommes suffisamment soucieux du chant pour assister aux répétitions. Là aussi, les enfants font leur tournée des cours de « musique ». La seule façon possible d'évaluer l'état de la musique dans nos villes est de considérer la population dans son ensemble. En comptant les beaux concerts dans les salles à la mode, on n'arrive pas à des conclusions significatives. Chantons-nous à la maison ou lorsque nous sommes réunis pour une conversation amicale ? Existe-t-il des petits centres dans les villes où l'on peut écouter de la bonne musique ? Existe-t-il de la bonne musique à la portée des gens aux petits moyens ? Le millionnaire régale ses amis avec le jeu de son organiste privé (à l'imitation des anciens mécènes de l'art, mais généralement sans l'amour et la compréhension de la musique qui étaient la seule justification de cette démarche), mais l'habitant du modeste appartement avez-vous déjà eu l'occasion d'entendre de la bonne musique ? Ce sont des questions que nous devons nous poser si nous voulons évaluer l'état de la musique dans nos grandes villes. Toute cette grande musique, comme je l'ai dit, n'est-elle pas simplement une large part de notre prospérité ?

La forme la plus grandiose et la plus déconnectée de notre activité musicale est l'opéra. Et quand nous considérons l'amour du théâtre qui s'exprime dans presque toutes les petites communautés au sein d'un club dramatique, nous ne pouvons que déplorer le détachement presque complet de l'opéra de nos pensées, sentiments et instincts naturels. Il n'y a aucun doute sur ce détachement ; tout le plan des productions lyriques américaines est exotique, aristocratique et exclusif.

Il est vrai que nous améliorons continuellement notre statut musical. L'effet de toute notre belle musique peut en effet être observé, mais nos progrès sont indéniablement lents, surtout si l'on considère avec quelle dotation libérale nous commençons. Cette dotation est à peine inférieure à celle que possèdent les autres peuples. Nos enfants sont musiciens et il n'y a aucune raison pour que nous ne le soyons pas. De plus, la tension de l'idéalité qui traverse la vie américaine, aussi naïve soit-elle, semble nous rendre particulièrement qualifiés pour aimer et comprendre la musique.

III. CE QUE NOUS POUVONS FAIRE

J'ai indiqué dans un chapitre précédent quelques-uns de nos besoins en matière d'éducation musicale des enfants. Le problème qui se pose désormais à moi est de savoir comment persuader les Américains et les Américains de coopérer activement dans la création musicale. Il est évident qu'il n'y a qu'une seule façon d'y parvenir, c'est de chanter. Seul un nombre infinitésimal de personnes peuvent jouer des instruments de musique, mais presque tout le monde sait chanter. Jouer nécessite une pratique constante. Ce n'est pas le cas de chanter en groupe. Dans leur droit, chaque homme et chaque femme devrait chanter.

Maintenant, mon appel urgent au chant ne signifie pas que chaque village, chaque ville ou cité doive se transformer physiquement en une immense société de chant. Certaines personnes chanteront mieux que d'autres et l'apprécieront davantage, ou auront plus de temps pour cela. Mais il existe des occasions constantes pour de grands groupes de personnes de chanter — à l'église, le jour du Souvenir, à Noël, lors de rassemblements patriotiques ou lors de dédicaces. Rien n'est plus frappant en de telles occasions que l'absence totale de tout moyen d'exprimer spontanément ce qui réside dans la conscience de chacun et qui ne peut être délégué. Quelle splendide expression de dévotion, de commémoration, de dévouement, d'amour sacré pour ceux qui sont morts dans notre guerre civile que seraient mille voix, élevées comme une seule dans un grand hymne commémoratif éternel ! Qu'est-ce qu'on fait? Nous embauchons une fanfare pour être patriotique, pieuse et commémorative pour nous. Cela tend inévitablement à émousser notre patriotisme et notre dévouement. Pour vivre, ils doivent surgir dans une sorte d'expression personnelle. Dans un village que je connais bien, cette coutume gâche une célébration par ailleurs profondément impressionnante du Memorial Day. Les « coups » sur les tombes des soldats dans leurs lieux de repos silencieux, le bruit des petits coups de feu, la longue procession des habitants, l'appel de la petite compagnie de soldats qui s'est éloignée de ce village il y a un demi-siècle. , avec seulement un faible « Ici » occasionnel de la part de la poignée de survivants, l'abaissement du drapeau sur le green avec toutes les têtes découvertes, tous les yeux tendus vers le haut, tout cela rend la cérémonie belle et mémorable. Il lui suffit, pour le compléter, d'une certaine expression active de la part de chacun, telle que le chant le permettrait.

« Je ne sais à quel point de leur course, ni pendant combien de temps, mais c'est de la colonne la plus proche de lui, qui doit être la première ligne, que le roi entendit, portés par les vents au milieu de leur musique de campagne, alors qu'ils marchaient là, le son des Psaumes, mélodie à plusieurs voix d'un hymne d'église, qu'il connaissait bien ; qui avait éclaté, accompagné d'une bande, parmi ces hommes par ailleurs silencieux. Ainsi raconte Carlyle, dans « Frédéric le Grand », à propos de la marche de Frédéric et de son armée avant la bataille de Leuthen. « Avec des hommes comme ceux-là, ne pensez-vous pas que j'aurai la victoire aujourd'hui ? dit Frédéric. Un tel chant n'est-il pas une chose merveilleuse ? Ces soldats, avec un commun dévouement au devoir et un commun dédain de la mort, envoient vers un ciel vaguement perçu, du plus profond de leur être, une chanson. Comment pourraient-ils autrement exprimer les pensées et les sentiments qui devaient réclamer à grands cris d'être exprimés dans leurs poitrines robustes ? Leurs corps marchaient au combat. Et leurs âmes ? Leur esprit même dormira-t-il sur le chemin de la mort ?

Et nous? Nous regardons de loin ; nous sommes stupides ; nous regardons cette cérémonie profondément émouvante, ce simple spectacle, et ne disons rien de ce que nous ressentons et de ce que nous sommes. Pourquoi ne chantons-nous pas ? N'est-ce pas en partie à cause de cette conscience de soi qui nous entoure comme d'un voile, et en partie parce que nous n'avons jamais été amenés à aimer suffisamment chanter pour le poursuivre ? Nous pourrions surmonter assez facilement la première difficulté si la bonne occasion se présentait continuellement. Cette dernière aussi disparaissait lorsque l'occasion se présentait où nous pouvions chanter quelque chose qui valait la peine d'être chanté. « La bannière étoilée » est un éteignoir sur la flamme du sentiment patriotique ; jamais il n'y eut d'air plus impropre à son usage. Puisque nous n'avons presque pas de mélodies nationales indigènes, pourquoi ne devrions-nous pas chanter les vieux chants, chœurs et hymnes qui ont survécu à toutes sortes de changements nationaux et appartiennent à chaque peuple ? La mélodie de « America » n'est pas une mélodie américaine, ni anglaise. Il est originaire de Saxe. Aucun nationalisme ne s'oppose à une telle musique, car elle parle de manière élémentaire et universelle. Il existe des dizaines de belles mélodies que nous pourrions très bien utiliser.

Le seul endroit où le chant pourrait être encouragé est l'église. Mais lorsqu'il est demandé aux fidèles de chanter un hymne trop aigu pour eux, ou qui va trop vite, ou qui est plein de progressions inhabituelles et difficiles à la fois en mélodie et en harmonie, quel autre résultat peut-on attendre qu'un chant médiocre et l'abandon progressif de toute la musique à une chorale rémunérée ? Le véritable objectif de l'air de l'hymne a été perdu. Il était destiné à répondre aux besoins de tous les gens, et pour ce faire, il devait être simple à la fois en mélodie et en harmonie, et à la portée de chaque homme, femme et enfant de la congrégation. Les vieux hymnes et chœurs vigoureux de nos ancêtres l'étaient. Rien n'est plus beau dans la musique d'église qu'un bon chant à l'unisson auquel chacun prend part. Aucun chant choral qualifié ne pourra jamais le remplacer.

Même la manière de chanter les hymnes a changé. Beaucoup d'entre eux sont parcourus à un rythme qui laisse la moitié de la congrégation derrière et éclipse totalement l'autre moitié ! Dans de nombreux airs de cantiques anciens, il y a une pause à la fin de chaque vers, pendant laquelle les membres de la congrégation avaient une chance raisonnable de reprendre leur souffle. Même ces pauses ont souvent été supprimées, détruisant ainsi le sens de la musique et donnant une épaule encore plus froide aux aspirations musicales et dévotionnelles de la congrégation. (Si l'espace le permettait, j'aimerais m'attarder ici sur la genèse de certains de ces vieux airs. Ils étaient profondément ancrés dans la vie commune de nos lointains ancêtres et n'avaient aucune trace de conscience de soi. Sortant du sol, ils Nous avons survécu à tous les changements de dogmes et de coutumes. Et nous y reviendrons lorsque nous aurons survécu à notre actuelle attaque de joliesse.)

Le déclin du chant des hymnes est assez évident. Sauf dans les églises où la liturgie restreint les ambitions du chœur, presque tout est possible ; et même sous cette contrainte, il existe une tendance constante à l'étalage. Quelle est la fonction de la musique d'église ? Est-ce pour étonner ou ravir la congrégation ? Est-ce pour leur offrir un concert sacré ou du beau chant ? Pour les distraire de la situation dans laquelle ils se trouvent ? Pour atténuer l'effet d'un sermon ennuyeux ou effacer l'effet d'un bon sermon ? Servir d'appât pour attraper les non-pratiquants imprudents, ou de moyen de retenir celui qui hésite dans le giron ? Ou est-ce pour susciter la dévotion et le sentiment religieux, pour garder le moment sacré et sans intrusion ? Si le chœur doit chanter seul, pourquoi devrions-nous accepter qu'il présente des morceaux, ou des arrangements de musique profane, ou des chansons « sacrées » stupides surchargées de sentiments luxuriants, ou des hymnes d'un certain type fluide composés par quiconque peut mettre beaucoup de notes ensemble dans un ordre agréable ? Pourquoi devrions-nous tolérer le solo de style opératique, ou la musique méprisable de quatuor solo, convenable (et guère cela) pour la fin d'un « banquet » commercial ? N'y a-t-il donc aucune réalité derrière la musique religieuse ? S'agit-il simplement d'une musique mise en musique sur des paroles sacrées ? Celui qui a déjà étudié un art sait que cela ne peut pas être vrai. La meilleure musique religieuse – dont

Palestrina et Bach sont les plus grands représentants – repose sur quelque chose de plus qu'une association fortuite avec des paroles sacrées. Dans les églises protestantes de nos villes, la musique dérive en grande partie de sources anglaises modernes, et je considère cela comme un obstacle à notre progrès. Depuis la seconde moitié du XIXe siècle, la musique religieuse anglaise a été dominée par une école de compositeurs dont la musique est charmante, ou jolie, ou mélodieuse, ou ce que vous voulez, mais qui n'est ni profonde ni pieuse. Presque tous nos organistes sont musicalement d'origine anglaise, mais ils traitent leurs ancêtres avec peu de respect. Il n'y a aucune difficulté à procurer de la bonne musique aux chœurs. Il existe un matériel adapté au chant solo ou en chœur, pour petit ou grand chœur, à acheter dans n'importe quel magasin de musique. Il existe une douzaine d'excellents compositeurs dont la musique n'est jamais entendue dans la plupart des églises américaines ; des compositeurs comme Palestrina, Vittoria et d'autres de la grande époque de la musique d'église ; ou Bach, ou Gibbons, Byrd et Purcell, dont la musique est dans le véritable idiome, un idiome maintenant presque entièrement perdu ; ou encore John Goss, Samuel Wesley et Thomas Attwood au début du XIXe siècle, avant que la décadence ait vraiment commencé. La première de ces musiques est écrite pour des voix non accompagnées et est donc trop difficile pour quiconque sauf un chœur hautement qualifié ; mais il existe de nombreux hymnes simples accompagnés d'orgue par les premiers compositeurs anglais mentionnés ci-dessus, et il existe un certain nombre de motets de Bach adaptés aux chœurs de capacité moyenne.

Permettez-moi de mentionner « Ô Toi, l'orbe central », de Gibbons, comme exemple d'un bel hymne dans le style ancien, et « Oh, Sauveur du monde », de Goss, comme exemple du type plus simple et plus récent. Ce sont des hymnes beaux, simples et dignes, adaptés aux chorales de ville ou de campagne. Si le chef de chœur de la ville s'efforce pendant un certain temps de fournir à la congrégation une musique brillante, qui se distingue surtout par l'extravagance de sa technique et ses effets saisissants, ses auditeurs pourront peut-être revenir à cet état de dévotion tranquille que le le reste du service a induit. De nombreux chefs de chœur aimeraient sans doute utiliser une musique plus simple et plus dévotionnelle, mais en sont empêchés parce qu'ils sentent sur eux le poids de l'opinion et du goût de la congrégation, et peut-être du prédicateur. Chacun, quelle que soit sa qualification, se sent libre de critiquer la musique qu'il entend à l'église.

Les clubs sociaux et musicaux pour femmes existent en grand nombre partout aux États-Unis. Ils sont souvent utiles sur le plan pratique, mais leur contact avec les matières artistiques est au contraire souvent inefficace. Ils offrent à leurs membres des gorgées continuelles à différentes sources, mais pas de grand tirage à une seule. Le membre moyen d'un club de femmes, si l'on veut l'aider en quoi que ce soit, doit l'être à partir de la position dans laquelle elle se trouve alors ; et cela est particulièrement vrai pour la musique. Mais elle est arrachée à son environnement naturel et on lui demande d'écouter un récital, par exemple, de musique française moderne, dont aucune note ne répond à son intelligence ou à ses sentiments. La passion pour la dernière chose en musique sans aucune connaissance de la première est fatale à chacun. Et quand on considère le nombre considérable de membres des clubs de femmes dans ce pays, on ne peut que souhaiter que davantage d'efforts soient faits pour aider l'individu à progresser simplement et naturellement, étape par étape. Il ne faut pas s'attendre à ce que la femme moyenne, dont le temps est très probablement occupé par les soins domestiques, fasse une étude approfondie de la musique ; mais il est possible de lui donner l'occasion d'entendre quelques compositions simples et bonnes, et de les entendre plusieurs fois dans une saison, afin qu'elle apprenne à les comprendre. Les membres les plus expérimentés et les plus avancés des clubs de femmes ont tendance à dominer dans ces domaines et à oublier les besoins des autres, et il y a certainement quelques âmes rares qui vivent entièrement dans l'atmosphère raréfiée de la musique la plus récente, et qui méprisent l'ignorance commune de la masse. Certains clubs de femmes ne proposent que les performances de grands joueurs ou chanteurs et s'enorgueillissent de leurs listes de célébrités, oubliant trop ces balances délicatement ajustées qui exigent un poids égal *en nature* . Si un club de femmes d'une petite ville (ou même d'une grande ville) renonçait pour le moment aux récitals de piano et de chant de la musique la plus récente, et se consacrait un peu de temps à chanter à l'unisson de bons vieux des chansons auxquelles chacun pourrait participer, un bon départ serait pris. Je n'essaie pas de minimiser les capacités musicales de ces clubs, ni de décrier les performances expertes ; Je parle simplement au nom de la femme moyenne qui a eu peu de possibilités d'éducation musicale ou d'expérience musicale et qui est généralement laissée pour compte dans les programmes des clubs, mais qui est pourtant capable de comprendre la musique si elle lui est présentée de la manière appropriée. Demandez-lui de chanter avec vous et elle sera intégrée au bercail au lieu de s'égarer aveuglément à l'extérieur. Chaque réunion d'un club de femmes (pourquoi qualifier cela ? de n'importe quel club, à l'exception peut-être d'un club de cambrioleurs, où le silence serait souhaitable) devrait commencer par une chanson chaleureuse. Pas à pas – pas un saut violent vers une hauteur vertigineuse ; nous ne pouvons pas devenir musiciens par la force de notre aspiration, même si elle est tout à fait sincère ; la nature exige inexorablement de nous cette même lente croissance qu'elle fait elle-même. Il n'y a pas de demain.

Si tous les membres d'une communauté s'exprimaient en chantant à des moments et des saisons appropriés, il s'ensuivrait naturellement qu'un bon nombre d'entre eux formeraient une société de chant. Cette société satisferait le désir de la communauté d'entendre une musique qui ne peut être jouée qu'après une pratique considérable. Je ne saurais trop insister sur le lien entre la communauté et la société du chant. Celle-ci doit être la réponse au désir de la communauté, et non un spectacle, si je peux me permettre de mélanger à ce point mes métaphores.

IV. UNE EXPÉRIENCE

J'habite dans une ville d'environ six mille habitants qui répond à peu près à la description donnée au début de cet article. Il y avait une société de chant à cet endroit il y a une trentaine d'années, mais depuis lors, le chant choral a été peu répandu. Il y a deux ans, j'ai invité une trentaine de personnes à se réunir pour pratiquer le chant choral. J'ai alors déclaré que j'aimerais les former s'ils acceptaient deux conditions : premièrement, que nous ne chantions que la meilleure musique, et deuxièmement, que nos concerts soient gratuits pour les habitants de la ville. Ces conditions furent aussitôt acceptées et nous commençâmes à répéter. Nous avons trouvé possible d'utiliser la plus grande église contenant un bon orgue, et nous avons trouvé quatre personnes qui jouaient du violon et deux du violoncelle. Notre petit orchestre s'est finalement agrandi jusqu'à compter huit ou dix musiciens à cordes. Nous avons emprunté des timbales et un de nos passionnés a appris à en jouer.

Nous avons donné trois concerts, à chacun desquels l'église était plus que remplie : elle peut accueillir environ six cents personnes. Nos programmes comprenaient le « Schicksalslied » (Chant du destin) de Brahms et des parties de son « Requiem », le motet de Bach, « Je lutte et je prie », des airs du « St. Matthieu Passion », et compositions similaires. Nos solistes ont été membres de notre chœur, avec peu d'expérience préalable de la musique que nous chantons, mais avec une profonde sensibilité à celle-ci, provoquée par une pratique continue de celle-ci. Les citadins qui sont venus écouter notre musique ont donné certaines preuves d'un fait que je connais depuis de nombreuses années, à savoir que lorsque les gens ont la chance de connaître à fond une grande composition, cela leur assure invariablement leur entière allégeance. Nous avons donc répété notre interprétation de ces différentes œuvres, chantant parfois deux fois un morceau dans le même concert. Nous avons par exemple donné trois fois en deux ans le « Schicksalslied » et les chanteurs et le public y sont complètement conquis.

Notre société de chant est soutenue par le paiement de cinquante cents chacun par toute personne désireuse de s'abonner. Nous donnons deux concerts ouverts par an, au cours desquels six cents personnes écoutent la meilleure musique chorale, pour une dépense annuelle totale d'environ soixante-quinze dollars. Toutes les personnes liées au projet offrent leurs services gratuitement. Nos concerts ont lieu le dimanche après-midi. Lors de la dernière fois, j'ai tenté une expérience intéressante. Le motet de Bach, « Je lutte et je prie », est basé, comme c'est souvent le cas dans ses pièces chorales, sur un choral chanté par les sopranos à l'unisson, avec des contrepoints fleuris dans les autres parties. À la fin, le choral est donné dans sa forme originale, afin que l'assemblée puisse se joindre à son chant. Il nous fut facile de nous procurer six cents exemplaires de ce choral reproduits par polyméographie, et ceux-ci furent distribués dans les bancs. Le résultat était presque électrisant pour celui qui avait entendu le faible chant des hymnes des églises plus faibles dans nos églises. La deuxième fois que le motet fut chanté — nous l'avons joué au début et à la fin de ce concert — presque tout le monde s'y joignit et les échos retentirent comme ils n'avaient jamais roulé auparavant dans cette église. Pourquoi? Ces mêmes personnes émettent chaque dimanche matin dans leurs différentes églises des sons faibles, timides, désorganisés, légèrement désaccordés. Un miracle s'est-il produit pour qu'ils chantent ensemble avec vivacité ? Pas du tout. On leur a simplement offert l'occasion de faire ce dont ils sont tous capables, à savoir chanter un hymne qui leur convient. Ce choral n'a qu'une gamme de cinq tons, de *fa* à *do* ; il est en grande partie diatonique, progressant étape par étape dans la gamme, et il est noble et inspirant. Combien de fois une telle opportunité leur avait-elle été présentée auparavant ? Pourquoi pas?

Les membres de notre chœur sont des gens qu'on pourrait trouver dans la plupart des villes américaines de même taille. Peut-être avons-nous plus que d'habitude de la chance avec nos chanteurs solistes et notre orchestre. Je crois que la principale raison pour laquelle un projet comme celui-ci pourrait être difficile dans de nombreux endroits est qu'il ne serait peut-être pas possible de trouver un leader qui se soucierait davantage de Bach et de Brahms que de compositeurs de moindre importance. Le problème technique n'est pas extrême, mais le leader doit avoir une confiance illimitée dans la meilleure musique et ne rien tolérer de moins. Dès que cette dernière condition disparaît, le chant choral cesse, comme il le mériterait.

Il existe de nombreuses petites communautés où des concerts choraux à grande échelle sont occasionnellement donnés. De gros efforts et de grandes dépenses ne sont pas épargnés. Plusieurs centaines de voix, un orchestre engagé et des solistes engagés rendent l'événement remarquable. Mais la musique jouée est d'un tel caractère que personne ne veut la réentendre ; ni les chanteurs qui le pratiquent ni le public qui l'écoute ne sont émus ou exaltés. Des efforts systématiques ont même été déployés dans certains États du Moyen-Ouest pour établir le chant communautaire. L'effet de tels efforts dépend ici, comme ici, du genre de musique que l'on demande aux gens de chanter, car c'est là le cœur de toute la question. Aucun progrès en musique, ou dans quoi que ce soit d'autre, ne peut être attendu sans un effort constant pour le meilleur. Et il est tout à fait raisonnable de dire que la plupart de ces efforts sont réduits à néant faute d'un niveau vraiment élevé. Enfin, permettez-moi de dire qu'un concert de bonne musique donné par une chorale locale a, pour les habitants de n'importe quelle communauté, immensément plus de valeur qu'une démonstration musicale rémunérée par des artistes étrangers qui coûte cinq fois plus cher.

V. LA MUSIQUE COMME FORCE SOCIALE

Laissant cette expérience concrète et ses effets sur la communauté, demandons-nous ce que signifie ce chant pour les individus qui le font. En premier lieu, cela fait articuler quelque chose en eux qui ne trouve jamais son expression dans des mots ou des actes. En deuxième lieu, cela leur permet de créer de la beauté au lieu de rester en dehors d'elle. Ou, pour parler plus précisément encore, non-seulement elle leur donne une familiarité intime avec quelques grandes compositions, mais elle les habitue à la technique par laquelle la musique s'exprime. Ils apprennent à tracer des lignes mélodiques, à ajouter un ton qui change tout le caractère d'un accord ; ils apprennent comment les thèmes sont disposés les uns par rapport aux autres ; ils entrent en contact intime avec les matériaux mêmes de l'art en les manipulant. Ceci, nous n'avons pas besoin de le dire, est la clé de la connaissance et de la compréhension de quoi que ce soit. Vous ne pouvez pas comprendre la vie, ni l'amour, ni la haine, ni les objets, ni les idées, tant que vous ne les avez pas traités vous-même. Le chant a le profond avantage psychologique de donner un élan actif à cet amour de la beauté, d'habitude entièrement passif.

L'artiste a deux fonctions : il dessine, ou peint, ou modèle ; il utilise le langage ou les sons. Cela comprend sa technique. Mais il possède aussi une perception imaginative. Or, rien n'est plus certain que notre compréhension de ce qu'il fait doit être en nature. Nous apprenons à comprendre sa technique par une expérience réelle. De même, nous apprenons à entrer dans les qualités supérieures de son art par l'exercice des mêmes facultés qu'il utilise. Nos sentiments, notre esprit et notre imagination doivent se refléter dans lui comme dans un miroir. Si le verre est flou ou si l'angle de réflexion est déformé, nous ne pouvons pas voir l'image dans sa perfection. La lumière vient d'on ne sait d'où.

Que tout lecteur de ces mots se demande si l'énoncé qu'ils contiennent des qualités de la musique et de notre relation avec elle ne pourrait pas avec la même force s'appliquer à sa propre entreprise ou occupation. Sa compréhension de cette entreprise ou de cette profession ne repose-t-elle pas sur ces deux éléments essentiels : premièrement, la familiarité avec ses méthodes et ses matériaux, et, deuxièmement, une certaine conception du sens réel, de la signification et de la possibilité qui se cachent derrière son apparence extérieure et sa manifestation ?

Je n'ai pas suffisamment insisté sur l'avantage qu'a le chant pour les hommes. Non seulement cela leur permet de s'exprimer, mais cela leur donne la plus saine des distractions, cela les égalise, cela crée une sorte de fraternité, cela leur distrait l'esprit et leur donne une vision nouvelle et différente. Bien entendu, ce n'est pas le cas du genre de musique que chantent aujourd'hui les hommes, qui est principalement associée au sport et à la convivialité. Tant que la musique sera seulement extérieure à nous, tant que nous éduquerons nos enfants sans les mettre en contact réel avec ses matériaux, sans leur donner de véritable formation au développement des sens, aussi longtemps qu'elle restera un mystère, aussi longtemps son bureau sera-t-il mal compris. Quelle perplexité pour beaucoup d'entre nous ! Comme cela nous repousse ! Nous avons dépassé la honte pour l'aimer, mais nous l'aimons de loin.

D'un point de vue sociologique, cette discussion a jusqu'à présent été quelque peu limitée. Aujourd'hui, les possibilités offertes par la musique pour souder des communautés socialement désorganisées n'ont jamais été pleinement exploitées en Amérique. Si nous devions l'utiliser directement à cette fin, nous découvririons à quel point il est utile pour faire tomber les barrières artificielles. Grâce au chant choral, les habitants d'une localité donnée peuvent développer une certaine sympathie les uns envers les autres. Les groupes qui fréquentent la même église, les pères et les mères des enfants que les colonies atteignent – partout où il y a un « quartier », il y a une chance de chanter. Il suffit d'une personne qui y croit et qui sélectionne rigoureusement la meilleure musique. Et là où les groupes de quartier chantent la même belle musique, tout grand rassemblement de personnes trouverait tout le monde prêt à participer au chant choral. Cela ferait de la musique communautaire une réalité et favoriserait sans aucun doute l'amour de cet art au point d'affecter à terme l'ensemble de la situation musicale. Quiconque a déjà fait l'expérience personnelle d'apporter de la bonne musique à ceux qui n'ont pas les moyens d'assister à des concerts sait que ces personnes sont aussi avides du meilleur que ceux qui peuvent se le permettre. Il n'y a personne de plus prompt à apprécier le meilleur que celui qui vit à l'écart de tous nos usages sociaux qui constituent nos cocons de soie filée. Nous y sommes confortablement installés, protégés des vents violents, complètement enveloppés, pendant que ces autres personnes se battent contre la vie elle-même. Nous pouvons nous contenter d'une ou deux lueurs à travers le maillage ; ils ne sont pas. Ils rencontrent la réalité de tous côtés et la connaissent quand ils la voient. Aucune fiction ne peut les tromper.

Et quand je dis cela, je veux dire que l'expérience a été tentée à maintes reprises. Dans ce qu'on appelle « les bidonvilles » des plus grandes villes américaines et anglaises, j'ai vu des centaines et même des milliers de pauvres écouter la musique de Beethoven et quelques mots simples à son sujet dans un silence captivé et tendu, et je les ai entendus. éclatent en applaudissements effrénés comme ceux qui ont vraiment faim de bonne musique. Mettez un bon orchestre dans l'un de ces lieux et vous trouverez le meilleur type de public. De telles personnes n'ont aucune trace d'hypercritique, aucune envie de parler judicieusement du dernier compositeur. Ils ne se sont pas construit une jolie petite formule esthétique qui s'adapterait à tout – une sorte de coloration protectrice ; leur esprit n'est pas « décidé ».

Ne nous méprenons pas sur cette situation. Je n'écris pas sur la peinture ou la sculpture, car je sais que ces arts font appel à certaines qualités perceptives et sélectives de l'esprit qui nécessitent une longue formation. J'écris sur la musique, qui fait appel à un sens différencié et formé bien avant que le sens de la vibration des couleurs ou de la beauté des formes ne soit développé, un sens que nous possédons à un état très développé dès l'enfance.

Imaginez un petit opéra dans le Lower East Side de New York ou dans le North End ou le South End de Boston, que les gens pourraient fréquenter pour des sommes correspondant à leurs moyens ; imaginez une petite ville occidentale avec un tel opéra ; et comparez les résultats probables avec ceux obtenus aujourd'hui par nos magnifiques et inutilement coûteuses représentations d'opéra qui, que ce soit dans le pays ou à l'étranger, ne laissent guère derrière elles qu'un vide financier et une vague idée selon laquelle l'opéra signifie d'une manière ou d'une autre des « stars » célèbres chantant d'une manière hautement sonore. de manière exagérée dans un langage étranger, dans des drames plus étranges, où les motifs et les desseins sont encore plus étranges. Des concerts et des représentations d'opéra comme ceux que j'ai préconisés compléteraient et compléteraient nos propres activités musicales. Ces artistes rémunérés joueraient et chanteraient pour nous dans une langue que nous avions nous-mêmes apprise en l'utilisant. La musique serait domestique ; nous devrions mieux le comprendre et l'aimer davantage.

Je connais le vieil argument selon lequel les concerts et les opéras ainsi dirigés ne seraient pas payants. A cela je réponds que c'est probablement vrai. Les travaux d'aménagement sont-ils payants ? Une bibliothèque est-elle payante ? Tout effort altruiste est-il payant, quelque part ? Non; rien de tel ne montre jamais un solde monétaire du côté droit du grand livre. Mais nous ne conservons pas cette colonne en chiffres. Cela se fait dans la joie, pas en dollars. La meilleure sorte d'« élévation » sociale serait quelque chose qui rendrait les gens plus heureux. La véritable élévation vient de l'âme et non du corps. Laissez une faille de beauté percer la scène terne. Goûtons maintenant au paradis ; et que ce ne soit ni le tien ni le mien, mais le leur. En musique, chacun fait son propre paradis à son moment.

Mais ce n'est pas l'argent qui manque. Des centaines de milliers sont dépensés chaque année pour combler les déficits de nos orchestres symphoniques. Des millions sont dépensés pour le bien-être physique de nos populations les plus pauvres. La beauté pour les aisés, qui sont trop aisés pour s'en soucier beaucoup ; des avantages matérialistes pour les pauvres et les malheureux, qui ont vraiment faim de quelque chose de brillant et de joyeux. Qu'est-ce que cela ne signifierait pas pour ces derniers s'ils pouvaient se rendre une fois par semaine dans une salle de leur propre quartier, entendre un beau concert à un prix largement à la hauteur de leurs moyens, et savoir qu'il n'y aurait pas de président là-bas ? pour leur dire « quel grand privilège », etc., mais qu'ils seraient laissés tranquilles pour s'amuser à leur manière. Après tout, ceux-ci constituent la majeure partie de la population de nos villes ; de ces humbles foyers viennent les futurs citoyens américains ; à certains égards, ils nous sont supérieurs, car ils survivent à une bataille bien plus dure et préservent leur estime d'eux-mêmes face à d'énormes difficultés. Pourquoi devrions-nous leur donner ce dont *nous* pensons qu'ils ont besoin ? Pourquoi ne pas leur proposer quelque chose qui nous mette tous au même niveau ?

La conclusion inévitable à tirer d'une enquête sur notre situation musicale est que nous n'avons besoin que d'occasions pour nous exprimer. Chaque village contient une société de chant potentielle, chaque église contient une chorale potentielle, chaque famille dans laquelle il y a des enfants peut chanter des chansons simples ensemble. Il y a un club de chant caché dans chaque quartier. Chaque ville peut, à l'occasion, accueillir des milliers de personnes chantant de belles chansons et de beaux hymnes. Quel est le besoin actuel ? Leaders : musiciens instruits qui ont appris la technique de leur art et ont, en même temps, appris à comprendre et à apprécier la plus grande musique, et qui la préfèrent à toute autre. Nos institutions de formation de musiciens envoient un flot continu de diplômés, dont beaucoup commencent leur travail dans de petites villes et cités. Presque chaque communauté compte au moins un homme possédant des connaissances techniques suffisantes en musique pour diriger des groupes de chanteurs, petits et grands. Quel genre de musique préfère-t-il, dans son cœur ? La réponse se trouve dans les programmes ici et là, dans les archives des sociétés de chant qui ont échoué, dans les représentations publiques de « pièces de spectacle ». Nos établissements ne devraient-ils pas accorder davantage d'attention à la formation du goût de leurs étudiants ? Est-il vraiment nécessaire de leur enseigner la technique à travers de mauvais exemples de l'art musical ? Peuvent-ils passer en toute sécurité plusieurs années à travailler sur une musique nettement inférieure au nom d'une technique facile ? La rhétorique ou l'oratoire sont-ils supérieurs à la littérature ? Il n'existe pas d'enseignement du violon ou du piano *ni* d'enseignement de la musique. Si l'enseignement du violon ou du piano porte sur une musique médiocre que l'élève pratique plusieurs heures par jour, aucune leçon d'histoire, de théorie, de forme ou d'esthétique de la musique ne peut contrecarrer l'effet de cette association constante. Nous ne pouvons pas avancer sans dirigeants. Nous nous tournons vers les écoles de formation pour eux. Et ces écoles ne peuvent pas espérer nous les fournir à moins qu'elles ne conduisent leur enseignement de manière à développer chez les étudiants l'amour et la compréhension du meilleur.

Cet article exprime donc ma conviction que l'Américain moyen, homme ou femme, est potentiellement musicien. Je crois que le monde de la musique est une véritable démocratie. Je suis convaincu que notre principal besoin est de faire de la musique nous-mêmes. Je crois que dans de bonnes conditions, nous devrions prendre plaisir à le faire ; Je pense que tout art est étroitement lié à la somme de la conscience humaine. Et tout comme je vois la grande musique basée sur ce que nous sommes et ce que nous ressentons, de même je considère l'interprétation experte de la musique comme étant simplement notre propre interprétation magnifiée et embellie par une habileté extrême. Je vois, en bref, un lien nécessaire et naturel entre nous et le compositeur et l'interprète. Je crois que toutes les grandes images, sculptures et musiques se sont d'abord situées dans la conscience générale, puis sont devenues articulées chez un seul homme. Je crois qu'aucun homme d'État, aucun philosophe, ni même un Christ, ne soit concevable s'il ne réside d'abord dans le cœur des hommes. Ce qu'ils sont *en posse,* il l'est *en esse* . Que nous sommes tous plus musiciens qu'on ne le pense ; que nous sommes plus musiciens que nous n'avons la chance de l'être, cela ne fait aucun doute.

CHAPITRE V
L'OPÉRA

I. QU'EST-CE QUE L'OPÉRA ?

La forme de drame avec musique que nous appelons vaguement « opéra » est un si curieux mélange de nombreux éléments – certains étroitement liés, d'autres presque inconciliables – qu'il est presque impossible d'arriver à une idée précise de sa valeur artistique. Un grand tableau ou une sculpture, un grand livre ou une grande symphonie représentent une évolution parfaitement claire d'un art bien défini. Vous ne remettez pas en question la validité artistique de « Pendennis » ou d'un portrait de Romney ; ils ont leurs racines dans les œuvres antérieures de grands écrivains et peintres et tendent vers celles qui suivent. Les arts qu'ils représentent ont grandi selon un lent processus d'évolution, absorbant tout ce qui leur était utile et rejetant tout ce qui était inutile, jusqu'à devenir finalement cohérents et autonomes. Le développement de l'opéra, en revanche, a été un perpétuel compromis – avec les caprices des princes, avec les caprices encore plus capricieux des chanteurs et avec les conventions sociales.

Son coût croissant (dû tantôt à la grandiloquence du compositeur, tantôt aux exigences du public) a nécessité de le produire dans d'immenses salles d'opéra totalement inadaptées ; et, étant un art mixte, il a été soumis à deux influences différentes qui n'ont pas toujours été d'accord. Sa ligne de vie a été franchie à maintes reprises par des innovateurs audacieux qui, oubliant le passé, ont cherché à l'éloigner de la nature et à en faire l'expression d'un individualisme excessif. Des méthodes qui tomberaient assez rapidement dans l'oubli dans n'importe quelle forme d'art pure ont été mises en œuvre dans l'opéra et ont été soutenues par un public non critique, satisfait d'un spectacle magnifique ou diverti par un chant raffiné. Toutes les autres formes d'art progressent pas à pas ; l'opéra fait un bond d'abord en avant, puis en arrière ; cela devient trop raisonnable, pour devenir aussitôt après tout à fait déraisonnable ; il passe de l'objectivité à la subjectivité et vice-versa, ou emploie les deux à la fois ; il transforme un homme en femme, ou une femme en homme ; il n'hésite pas à être présenté en deux langues à la fois ; il transforme le familier Bret Harte en italien sans la moindre conscience d'être devenu, ce faisant, essentiellement comique : en bref, il ne semble pas de limite aux ravages qu'il peut faire avec la géographie, la science, la langue, le costume, le théâtre, la musique et l'humain. la nature elle-même.

Toute tentative de traiter ici du développement de l'opéra dans son ensemble serait donc une entreprise impossible. Nous devrions être à la fois impliqués dans un glossaire de chanteurs (maintenant seulement des noms, puis constituant en fait l'opéra lui-même), un déchaînement d'intrigues impossibles, une excursion dans la religion, dans le ballet, dans la mythologie, la démonologie, la pseudo-philosophie, le mysticisme. , et Dieu sait quoi d'autre. Nous verrions notre première volée d'oiseaux canaris, lâchés simplement pour nous faire bouche bée, et nous entendrions un oiseau de la forêt indiquer au héros (par l'intermédiaire d'un chanteur hors scène) le chemin vers une belle endormie ; nous devrions entendre le héros et le méchant chanter un duo délicieux, puis les voir se détourner dans des directions différentes pour se chercher et s'assassiner ; on retrouverait les Pyramides et le Quartier Latin exprimables dans les mêmes termes ; nos héroïnes incluraient la mystérieuse et démoniaque moqueuse Kundry, la femme qui doute et questionne, la femme qui aurait dû mais ne l'a pas fait, et la femme qui devient folle et rend fou le joueur de flûte de l'orchestre avec elle ; nous verrions des hommes et des femmes, vêtus de costumes inappropriés et même inintelligibles, boire dans des tasses vides, et un héros blesser mortellement un dragon en papier mâché ; il faudrait fermer les yeux pour entendre, ou se boucher les oreilles pour voir ; si l'on tenait à la musique, il faudrait attendre dix minutes pour qu'une querelle domestique en récitatif se termine ; si nous tenions au drame, nous devrions attendre le même temps pendant qu'une prima donna lance des trilles et des gazouillis d'oiseaux. Nous devrions, en bref, nous retrouver face à un art mixte d'une latitude tout à fait extraordinaire dans le style, la forme, le but dramatique et la texture musicale.

Il suffira donc pour notre propos de constater que les pièces musicales sacrées et profanes existent depuis les temps les plus reculés et que leur développement a tendu vers la forme telle que nous la connaissons aujourd'hui. L'introduction de chansons dans les pièces de théâtre était, en soi, si agréable et si intéressante que leur utilisation ne cessait de croître jusqu'à atteindre une vague forme d'opéra dans laquelle la musique prédominait.

Mais il existe deux grandes époques révolutionnaires auxquelles il faut prêter attention si l'on veut comprendre l'opéra. La première d'entre elles est ce qu'on appelle la « Révolution florentine » dans les années 1595 à 1600, et la seconde est la réforme wagnérienne du milieu du siècle dernier.

II. OPÉRA À L'ANCIENNE

La « Révolution florentine » était une tentative de créer un type d'opéra entièrement nouveau dans lequel toute tradition était jetée aux vents. Pour « Eurydice », le plus connu de ces opéras florentins, son compositeur, Peri, a écrit une préface dont nous citons ce qui suit : « C'est pourquoi, abandonnant tout style d'écriture vocale connu jusqu'ici, je me suis entièrement livré à inventer le genre d'imitation (de parole) exigée par ce poème. (Est-ce bien Peri qui parle ? Ou bien Gluck, ou Wagner, ou Debussy ?) Quoi qu'il en soit, l'abandon, dans toute forme d'expression humaine, de tout style connu jusqu'ici est un abandon fatal, car aucun art, ni la science, ou la littérature, peuvent se débarrasser de leur passé et vivre. La Révolution florentine n'était pas une révolution, mais une émeute, car elle entreprenait de démolir ce que les générations avaient lentement construit et de substituer à sa place quelque chose non seulement inédit mais (à cette époque) impossible. C'était une tentative de fonder un art nouveau, *entièrement détaché* de l'art ancien. Beethoven sans Haydn et Mozart, Meredith sans Fielding, le gothique sans classique, une Renaissance sans naissance, la lumière du jour sans lever de soleil. C'était une démarche totalement illogique du début à la fin, mais l'opéra en est né parce que l'opéra peut subsister – il l'a fait et continue de le faire – sans logique ni même sans raison.

On avait composé avant 1600 la plus belle musique sacrée que le monde possède, celle qui culminait dans les œuvres de Palestrina. Un style ou une méthode d'expression s'était perfectionné, et ce style ou cette méthode s'appliquait progressivement et naturellement aux formes profanes et même aux formes dramatiques. Il existait aussi à cette époque des chants populaires qui étaient souvent utilisés dans des pièces de théâtre accompagnées de musique et qui auraient pu servir de base à l'opéra. Mais les créateurs du nouvel opéra n'auraient rien de tout cela. Ils avaient une théorie (possession fatale pour tout artiste) : ils voulaient faire revivre le drame grec, et ils pensaient que, dans l'opéra, la musique devait être soumise au texte. Ce sont Peri et ses associés qui ont vu pour la première fois ce feu follet, qui s'est depuis complètement incarné dans un bugaboo entièrement équipé et vaillant pour effrayer et maîtriser ceux qui aiment la musique pour le plaisir de la musique. Tout ce qu'il faut dire sur ce point, c'est qu'il n'existe pas de grand opéra, si ce n'est « Pelléas et Mélisande » de Debussy, dans lequel la musique ne prime pas sur le texte (et l'opéra de Debussy est unique dans son traitement et conduit nulle part - ou, le cas échéant, loin de l'opéra). Les réformes de Peri étaient artistiquement déraisonnables, mais les compositeurs qui l'ont suivi ont progressivement développé ce qu'on appelle l'aria ou le chant d'opéra et ont fini par créer une forme lyrique plus ou moins cohérente, même si beaucoup de temps s'est écoulé avant que l'opéra n'unifie en lui-même les divers éléments nécessaires à la création artistique. exhaustivité.

Il ne fallut cependant que peu de temps pour que l'opéra atteigne dans toute l'Europe la plus grande faveur, faveur dont il jouit depuis ce jour jusqu'à aujourd'hui. Les raisons de cette popularité constante se trouvent d'abord dans la préférence naturelle du public pour la voix humaine plutôt que pour n'importe quel instrument. Quelle que soit la facilité de technique ou la félicité d'expression que puissent avoir les instruments de musique, il leur manque la qualité humaine intime de la voix chantée. La voix vient à l'auditeur en fonction de lui-même, alors qu'un instrument peut être étrange et antipathique et ne susciter aucune réponse. Cette sympathie entre le chanteur et l'auditeur est si complète que presque tous les chanteurs dotés d'une belle voix (on l'appelle très probablement un «rossignol humain») sont sûrs d'attirer un public, peu importe ce qu'ils chantent ou quel que soit leur peu d'intelligence musicale. montre. (C'est aussi cette sympathie qui nous inflige la chanson de salon, dernier mot dans le plus grand vide.) À cela s'ajoute le plaisir que le public éprouve devant d'extraordinaires prouesses vocales d'agilité. La chanteuse rivalise avec une flûte dans l'orchestre, ou chante deux ou trois notes plus haut qu'aucun autre chanteur n'a jamais chanté, et le public se presse pour l'entendre. Mais il est inutile d'insister sur ce point : la maladie est incurable ; il y aura toujours, je le crains, un public irréfléchi prêt à accueillir n'importe quel gymnaste vocal qui chante plus haut ou plus vite que n'importe qui d'autre, ou qui peut lancer des trilles et des courses avec un visage souriant et un joli costume, et avec des mots totalement inintelligibles. Et deuxièmement, lorsque ce chant, tant apprécié du public, s'associe à la fascination éternelle du drame, l'attrait est irrésistible.

Je n'ai pas besoin de m'étendre ici sur la qualité du drame qui l'a rendu populaire depuis les temps les plus reculés jusqu'à nos jours. On peut cependant dire ceci : pour ceux qui sont incapables de recréer un monde de beauté dans leur propre esprit – bien que la nature les en entoure et que la littérature imaginative se trouve dans chaque bibliothèque – la scène est un délice perpétuel. Là, ils voient des romans impossibles, des vertus et des vices incroyables, des héros et des héroïnes ignobles persécutés mais inévitablement triomphants, des scènes impossibles dans des pays improbables, tout ce qui est ennuyeux, habituel et nécessaire laissé de côté, pas de lumière du jour mais seulement un lever de soleil doré et un coucher de soleil flamboyant : le impossible réalisé enfin. Ces qualités se retrouvent plus ou moins dans tout drame, car elles incarnent l'essence de ce qu'est le drame. Eschyle et Shakespeare dépouillent la vie de sa prose aussi complètement qu'un mélodrame déchaîné, car une pièce doit passer d'un point dramatique et saillant à un autre ; et tandis que ces grands dramaturges impliquent la vie entière, alors que la pièce ordinaire n'implique rien, ils ne la présentent pas et ne peuvent pas la présenter dans sa continuité actuelle et complète.

Or, le drame est plus ou moins soumis à l'opinion publique et au goût du public, car dans le drame, nous comprenons ce que nous entendons. En revanche, l'opéra, considéré comme drame, est presque dégagé de cette responsabilité, car il est chanté dans une langue étrangère ; ou si, par hasard, dans notre langue, la taille de la salle d'opéra et la réticence des chanteurs à prêter attention à leur diction rendent le texte inintelligible. Le livret de l'opéra échappe donc à tout examen. « Ce qui est trop bête pour être dit est chanté », dit Voltaire.

Notons également que lorsqu'un art se détache de son propre passé, lorsqu'il ne se fonde pas sur la vie humaine naturelle et n'obéit pas aux lois générales auxquelles tout art est soumis, il est sûr d'élaborer des conventions d'une sorte ou d'une autre. et devenir artificiel. Cela s'observe dans ce qu'on appelle le style architectural « rococo », ainsi que dans les objets terribles perpétrés par les « futuristes » et les « cubistes » (tout ce qui est du futur doit aussi être du passé, peu importe que ce soit une image, un arbre ou une idée). L'opéra fut bientôt en proie à ces conventions auxquelles, à quelques exceptions notables près, il n'a jamais échappé. Même les conventions communes du drame, que nous acceptons assez facilement, sont dans l'opéra poussées jusqu'au point de rupture. Pendant de nombreuses générations, les opéras ont été planifiés selon un schéma d'actes fixe et inflexible ; une femme prenait le parti d'un homme (comme dans le « Faust » de Gounod) ; les personnages étaient stéréotypés; la position de l' *air principal* (solo) de la prima donna était exactement déterminée de manière à donner à son entrée toute l'impression possible ; les pièces musicales (solos, duos, chœurs, etc.) étaient arrangées artificiellement et non pour satisfaire une quelconque nécessité dramatique. Il y a une certaine justesse dans l'expression de Wagner selon laquelle le vieil opéra conventionnel était « un concert en costumes ».

Un exemple de ce caractère conventionnel et de ce manque d'unité dramatique peut être trouvé dans la célèbre scène du quatuor du « Rigoletto » de Verdi, un opéra typique du style italien (dans lequel, selon l'expression de Meredith, « il y a beaucoup de plaisanterie avec la beauté dans le épais de douce angoisse »). Dans cette scène, deux personnes se cachent pour en surveiller deux autres. La dissimulation est la charnière sur laquelle, pour le moment, tourne l'histoire. Mais les exigences de la musique sont telles que, avant que la pièce ait avancé très loin, tous les quatre chantent à pleins poumons et sans prétexte de se cacher, dans une musique charmante certes, mais tout à fait dénuée de vérité dramatique. et l'unité. Et alors, tout naturellement, le mince vernis du drame ayant été percé, ils répondent à vos applaudissements en joignant les mains et en s'inclinant, après quoi tous deux se cachent à nouveau, la musique reprend comme auparavant, et toute la scène se répète.

Mais l'un des éléments les plus artificiels des opéras anciens était le ballet. Son rôle dans le projet de l'opéra était purement un spectacle, et de grosses sommes furent dépensées sans compter pour le rendre aussi magnifique que possible. Cela n'avait généralement rien à voir avec l'histoire, mais était utile pour attirer un public d'amateurs de plaisir qui ne prenaient pas l'opéra au sérieux. Il était une fois, à Londres, par un extraordinaire et malheureux coup du sort, que Carlyle fut persuadé d'aller entendre un opéra contenant un ballet ; sur quoi il fulminait ainsi : « Les danseuses elles-mêmes, avec leurs soucoupes de mousseline autour d'elles, étaient peut-être un peu miraculeuses ; tourbillonnant et tournant là dans d'étranges vortex fous, puis se fixant tout à coup immobiles, chacune sur son gros orteil gauche ou droit, l'autre jambe tendue à un angle de quatre-vingt-dix degrés - comme si vous aviez soudainement piqué le sol, par un de leurs pointes, une paire, ou plutôt une innombrable cohorte de ciseaux fous qui sautaient et coupaient sans relâche, et leur ont ainsi ordonné de se reposer, les lames ouvertes, et de rester immobiles au nom du diable !

On se souvient aussi de « Guerre et Paix », avec sa scène à l'opéra – et de la référence de Tolstoï au danseur principal qui recevait « soixante mille francs par an pour faire des bêtises ». Ainsi, en parcourant les opéras plus anciens qui tiennent encore leur place dans le répertoire, nous les trouvons plutôt absurdes et nous nous rassurons en pensant que l'opéra d'aujourd'hui a dépassé ses folies de jeunesse et est devenu une œuvre d'art.

III. WAGNER ET APRÈS

Puis vint la deuxième grande réforme de l'opéra, celle de Wagner, qui était censée nous libérer des vieilles absurdités et faire de l'opéra une chose raisonnable et congruente. C'est ce que les opéras de Wagner indiquaient au départ comme étant juste. Dans « Der Fliegende Holländer », « Tannhäuser » et « Lohengrin », il y a une correspondance raisonnable entre l'action et la musique ; nous pouvons écouter et regarder sans trop de perturbation de nos facultés. Les livrets de Wagner sont, à une exception près, basés sur des histoires ou des idées mythologiques. Ses personnages sont des types éternels : Lohengrin de pureté et d'héroïsme, Wotan de pouvoir par décret, Brunhilde (la plus grande de toutes) de féminité héroïque et noble. Il adopta l'ancienne méthode selon laquelle certaines qualités saillantes de ses personnages, telles que la jeunesse et l'intrépidité de Siegfried, la majesté de Wotan, etc., étaient définies par de courtes phrases musicales appelées *leit-motifs* ; il a rendu son orchestre éloquent du mouvement de son drame, au lieu de l'employer comme une « guitare immense » ; il a éliminé le morceau musical programmé, ce qui ne pouvait que retarder l'action ; il a toujours fait avancer sa musique en évitant la soi-disant « cadence authentique », qui dans toute la musique plus ancienne crie perpétuellement un arrêt.

Mais par tous ces moyens, Wagner imposait à son auditeur une attention constante : *des leit-motifs* récurrents, se développant et se désintégrant, chaque note significative, un orchestre immense et éloquent, une voix chantant des phrases qui ne font alors pas partie d'une mélodie complète. étant développés, — comme dans un opéra de Verdi, — mais qui sont liés à quelque chose entendu pour la première fois peut-être une demi-heure auparavant dans un acte précédent (ou une semaine auparavant dans un autre drame) : nous avons tout cela pour épuiser toutes les possibilités de notre faculté d'appréciation, et *en même temps* il nous demande d'assister à un combat réel entre un héros et un dragon, ou d'en observer un autre entre deux héros à moitié dans les nuages avec un Dieu resplendissant tendant une lance sacrée pour mettre fin au duel comme il l'entend. tandis qu'une Valkyrie plane au-dessus sur son destrier volant. Ou encore, il met son drame sous l'eau, avec des Ondines nageant et un gnome escaladant les rochers glissants pour dérober un joyau en échange de son âme. Oui, même cela, et bien plus encore ; car il nous demande d'assister à la fin du monde - les eaux montantes, les cieux eux-mêmes en feu - alors que notre cœur est si déchiré par la prodigieuse tragédie *intérieure* de l'immolation de Brunhilde que la fin du monde semble tout à fait irréel et impertinente.

Après tout, nous sommes humains. Nous ne pouvons pas être à la fois des hommes et des femmes et des enfants. Nous aimerions nous accroupir sur notre siège à l'opéra et oublier tout sauf la musique noble, splendide et belle, pour ne voir que ce qui correspond à notre état d'exaltation intérieure. Un opéra doit être objectif ou subjectif ; cela ne peut pas être les deux à la fois. La perfection de « Don Giovanni » tient à l'exacte égalité entre la quantité et l'intensité de l'action et de l'expression musicale – ou, en d'autres termes, à l'union complète de la matière et de la manière, de la forme et du style. Le cycle « Ring » est objectif et subjectif ; c'est l'extrême du mécanisme scénique (et plus encore) et, en même temps, tout ce qui est imaginativement profond et émouvant. Il est impossible d'éviter de conclure que Wagner, dans ces grands drames musicaux, a perdu de vue l'équilibre entre les moyens et les fins, ainsi que la proportion entre l'action et la pensée. Ses propres théories et l'ampleur de son sujet l'ont amené à oublier les limitations naturelles imposées à une œuvre d'art par la nature même des êtres pour lesquels elle a été créée. Les drames du « Ring » devraient être à la fois *joués* et *vus* par des dieux et des déesses pour qui le temps et l'espace n'existent pas et qui ne sont pas limités par un système nerveux précaire. Personne ne peut être insensible à la grande beauté de certaines parties de ces gigantesques drames musicaux, chacun reconnaît le génie de Wagner tel qu'il se montre, par exemple, dans l'une ou l'autre des grandes scènes entre Siegfried et Brunhilde, mais le complexe et bien - un mécanisme scénique presque impossible et les incursions dans le drame écrit constituent de sérieux défauts. (Car la scène entre Wotan et Fricka dans « Das Rheingold » et les passages similaires dans les drames suivants sont essentiellement des scènes à lire plutôt qu'à jouer.)

On croirait que Wagner avait rendu impossible toute répétition des vieilles incongruités lyriques. C'est tout le contraire. L'un des derniers opéras italiens est, au contraire, plus absurde que n'importe lequel de ses prédécesseurs.

Quoi de plus grotesque qu'un opéra dont la scène se déroule dans un camp minier de l'Ouest, dont les personnages incluent un joueur, un shérif, une femme du camp, etc., dont le langage est forcément très vernaculaire, dont l'intrigue repose sur un jeu de cartes, un opéra « Outcast-of-Poker-Flat », et cela a été traduit, pour le bénéfice du compositeur, en italien et produit dans cette langue ? «Je suis complètement parti sur toi, Minnie», dit Rance; « *Ti voglio bene, Minnie* », chante son homologue italien.

« Rigoletto » nous fascine par la beauté et la sincérité de ses mélodies ; c'est ce qu'il prétend être ; il s'agit d'émotions que nous pouvons partager parce qu'elles découlent en fin de compte de grandes problématiques humaines. Le Comte, Magdalina, Rigoletto et Gilda sont de tous types ; nous les connaissons bien en littérature, en poésie, en roman et en théâtre ; ils sont valables. Nous acceptons les conventions tendues de la scène comme étant inévitables à ce stade du développement de l'opéra. Mais après les réformes de Wagner et l'influence qu'elles ont exercée sur Verdi lui-même, le plus grand des Italiens, il semblerait incroyable qu'un compositeur puisse tomber dans une « Fille du Golden West ».

Presque tous les opéras de Puccini sont un retour au type. Le mélodrame sinistre à l'ancienne réapparaît, rouge sang comme d'habitude ; comme dans « La Tosca », qui ne laisse presque rien à l'imagination — on souhaiterait surtout qu'il en soit ainsi dans certaines scènes. La « couleur locale », ainsi appelée, réapparaît dans toute sa tromperie aride – comme dans les effets japonais de la musique de « Madame Butterfly » ; on entend à nouveau la mélodie spécieuse qui fait semblant d'être réelle, avec ses octaves dans l'orchestre pour lui donner une fausse intensité. C'est à nouveau le vieux monde de l'opéra. Lorsque nous comparons n'importe quelle scène tragique des opéras de Puccini avec le dernier acte de « Otello » de Verdi, nous réalisons la grande différence entre les deux. Il est vrai que Puccini nous offre de beaux moments lyriques – comme lorsque Mimi, dans « La Bohème », dit à Rudolph qui elle est ; il est vrai aussi qu'il ne faut pas ergoter parce que Puccini n'est pas un aussi grand compositeur que Verdi. Notre comparaison n'a pas pour but de décrier l'un au détriment de l'autre, mais de souligner que le grand opéra n'est pas demandé par le public et le moindre l'est ; que nous obtenons « La Bohème », « Madame Butterfly » et « La Tosca » vingt fois contre « Otello » une fois, et que nous perdons ainsi tout sens des valeurs lyriques.

Le compositeur d'opéra le plus claironné d'aujourd'hui est le pire des pécheurs d'opéra. Rien ne pourrait être plus avilissant pour la musique et le théâtre que la méthode employée par Strauss dans « Electra ». Dans sa forme originale, « Electre » est une pièce d'une profonde signification, dont l'art, la philosophie et l'éthique sont une expression naturelle de la vie et de la pensée grecque. Il contient des idées et présente des actions qui, bien que totalement étrangères à nous, nous acceptons comme appartenant à cette vie et à cette pensée. Dans l'original, ou dans toute bonne traduction, sa simplicité et sa grandeur élémentaire sont de nature à nous émouvoir profondément, car nous atteignons une perspective historique et voyons le sens et la signification de la catastrophe qu'il présente. Cette grande histoire, notre compositeur moderne entreprend de la traiter pathologiquement. Rien n'est sacré pour lui. Il donne à chaque passion, à chaque acte effrayant une signification personnelle et immédiate qui en détruit entièrement le sens artistique et historique. La véritable « Electre » est un drame impersonnel, typique, national et religieux ; Hofmannsthal et Strauss en ont fait un chaudron bouillonnant de passions tumultueuses et débridées.

L'exemple donné par Strauss dans « Salomé », « Electra » et, sous différentes formes ou types, dans « Le Chevalier à la Rose » a été rapidement suivi. « Les Joyaux de la Madone » est une « Electre » du boulevard, où les pires passions et les pires sacrilèges s'affichent ouvertement au nom du drame. Il appartient au « Grand Guignol ». Que toute personne raisonnable lise les livrets des opéras actuels et se fasse une opinion, non pas sur leur moralité, car il n'y a qu'une seule opinion à ce sujet, mais sur leurs prétentions à l'attention de toute personne sérieuse.

Je fais référence au statut moral de ces histoires uniquement parce que nombre d'entre elles mettent l'accent sur l'anormal et manquent de sens des proportions. L'art cherche la vérité partout où elle se trouve, mais la vérité est la vérité entière et non un segment de celle-ci. Un roman peut représenter presque n'importe quelle phase de la vie, mais il doit garder un sens des proportions. Dostoïevski pousse l'anormal à l'extrême, mais d'un autre côté il est « le frère de ses méchants » et il nous donne plein de types rédempteurs. Le héros de « L'Idiot » est un personnage prédominant et *déséquilibré*. Le but de toute grande littérature est de présenter la vérité en termes de beauté. "Tess des D'Urberville" est aussi morale que "Emma". Mais plus on s'éloigne d'une forme d'expression artistique délibérée comme le roman, moins on a de latitude à cet égard. Un épisode d'un roman de Dostoïevski serait un sujet de tableau impossible. Ainsi, l'opéra, qui se concentre pour nous dans le cadre scénique et dans un temps limité, doit en quelque sorte préserver pour lui-même cette véracité et cette fidélité à la vie telle qu'elle est. « Les Joyaux de la Madone » pourrait servir d'épisode dans un roman de Dostoïevski ou de Balzac ; en tant que livret d'opéra, c'est une monstruosité.

IV. QUAND MUSIQUE ET DRAME S'UNISSENT CORRECTEMENT

J'ai évoqué ces diverses incohérences et absurdités de l'opéra, non pas dans l'idée de monter un dossier contre lui ; au contraire, je veux le défendre. Cela ne peut évidemment se faire qu'au moyen d'opéras exempts d'absurdités et d'exagérations mélodramatiques, qui répondent aux exigences du raisonnable artistique et qui sont en même temps beaux. On ne peut pas en dire autant de « Cavalleria Rusticana » (Chevalerie rustique — Dieu sauve la marque !), « La Bohème », « La Tosca », « La Fille du Golden West », « Thaïs » (poison, infidélité, suicide, sorcellerie). , et religion mêlées dans un *mélange intolérable*), les « Contes d'Hoffman » (un Don Juan racontant ses aventures en détail) — ce sont du mauvais art, non pas parce qu'ils sont immoraux, mais parce qu'ils sont faux, déformés, sans sens de la valeur du matériel qu'ils emploient.

Il existe des opéras à la fois beaux et raisonnables, et un ou deux d'entre eux font effectivement partie de notre répertoire actuel. Les questions que nous devons nous poser sont les suivantes : un drame hautement imaginatif et significatif, dans lequel l'action et la réflexion maintiennent un juste équilibre, dans lequel une passion grande et émouvante ou des motifs humains élémentaires peuvent-ils trouver une véritable expression dramatique - un tel drame peut-il exister comme opéra? Est-il possible de préserver le corps et l'esprit du théâtre et en même temps de préserver le corps et l'esprit de la musique ? L'un ne doit-il pas céder la place à l'autre ? Nous voulons que l'opéra soit une chose et non plusieurs. Nous voulons la même unité qui existe dans d'autres formes artistiques. Nous voulons séparer le classique, le romantique et le réaliste. Si l'opéra passe des vers blancs aux vers rimés, pour ainsi dire, nous voulons que le changement soit dicté par une nécessité artistique, comme c'est le cas dans « As You Like It ». Nous voulons avant tout une correspondance raisonnable entre la vue et l'ouïe qui nous permette de conserver chaque sens intact par l'autre. Quelques opéras de ce type ont été composés. Un nombre considérable d'entre eux se rapprochent de cet idéal. De « Orfeo » de Gluck (créé en 1762) à « Tristan » de Wagner (1865), la conception pure de l'opéra a toujours été préservée. Gluck, Mozart, Weber, Wagner et Verdi sont les grands noms qui se démarquent du niveau général.

L'Orfeo de Gluck est d'autant plus intéressant que l'ombre sombre de l'Electra de Strauss semble le mettre en relief. Une fois tous les dix ou vingt ans, « Orfeo » est relancé pour révéler à nouveau avec quelle noblesse Gluck a interprété la vieille histoire grecque. Et il faut se rappeler que Gluck a vécu dans la dernière partie du XVIIIe siècle, à une époque où la musique était tout à fait inflexible quant à ces dissonances qui sont considérées par les compositeurs modernes comme absolument nécessaires à l'expression de la passion dramatique.

Après Gluck, Mozart avec son « Don Giovanni » conserve le même équilibre entre action et émotion, avec une unité de style encore plus grande et la même sincérité d'énoncé. Mozart possédait une maîtrise suprême sur tout son matériel et un don unique pour créer une mélodie pure et lucide. Dans ses opéras, il n'y a aucun mélange : sa tragédie et sa comédie sont également purement objectives — *et c'est surtout cette qualité qui empêche de les comprendre* .

Nous ne pouvons, à notre époque, nous projeter dans *le milieu de Mozart* ; la tragédie à la fin de « Don Giovanni » ne nous émeut pas du tout car elle est dépourvue de dissonances hurlantes et de tonnerres de son orchestral. Nos systèmes nerveux sont habitués aux cataclysmes instrumentaux. (Nous n'avons conscience que d'une étoile *filante* ; les cieux sereins et placides nous regardent en vain.) Pourrions-nous entendre « Don Giovanni » dans un petit opéra chanté dans un pur style classique, nous devrions réaliser à quel point il est beau ; nous ne devrions plus avoir envie de l'excitation excessive et de la passion effrénée de « La Tosca » ; nous devons comprendre que la passion la plus profonde peut être exprimée sans se déchirer, et que la musique peut être inexprimablement tragique en mode majeur et mineur simple. Don Giovanni est une sorte de héros d'opéra – on le retrouve sous une forme modifiée dans la moitié des opéras jamais écrits – mais Mozart l'élève bien au-dessus de ses mesquines intrigues et fait de lui une grande figure représentant certains éléments de la nature humaine. (C'est l'échec de Gounod à y parvenir qui place « Faust » au niveau inférieur qu'il occupe.) La mise en scène de « Don Giovanni », les salles conventionnelles avec des chaises dorées, etc., les costumes, le jeu des acteurs, etc. , la musique (orchestrale et vocale), sont toutes unifiées en un seul style. Et cela, couplé à la maîtrise suprême et au don mélodique de son compositeur, en fait l'un des opéras les plus parfaits, sinon le plus parfait.

Le « Fidelio » de Beethoven (produit en 1805) célèbre le dévouement et l'abnégation d'une femme – et ce dévouement et cet abnégation ont en réalité pour objet *son mari* ! C'est un opéra noble, mais l'esprit et le tempérament de Beethoven n'étaient pas adaptés au problème de l'opéra, et « Fidelio » n'est en aucun cas une œuvre d'art parfaite. Le Beethoven qu'on y entend est le Beethoven des mouvements lents des sonates et des symphonies ; mais nous pourrions très bien entendre souvent « Fidelio », car il est seul dans sa totale sincérité et sa grandeur.

Les opéras romantiques de Weber tendent vers cette caractérisation qui est l'égalité essentielle de son grand successeur Wagner, car "Der Freischütz" et "Euryanthe" sont pleins de musique caractéristique. Weber commence et termine l'opéra romantique. (Les sujets romantiques sont assez courants, mais le traitement romantique est extrêmement rare. La « Bride of Lammermoor » de Scott, par exemple, en passant entre les mains du librettiste et du compositeur devient – dans « Lucia di Lammermoor » de Donizetti – considérablement teintée de mélodrame.) «Der Freischütz» et «Euryanthe» témoignent suffisamment de la sincérité de Weber et de son désir de faire de ses opéras des unités artistiques. Chacun d'eux véhicule une certaine impression de beauté et évite ces appels spécieux si courants dans l'opéra.

Pendant ce temps, au début du XIXe siècle, *l'opéra-comique* était florissant en France. Auber, Hérold, Boieldieu et d'autres compositeurs produisaient des œuvres dans lesquelles les événements impossibles du grand opéra étaient rendus possibles par l'humour et la légèreté du toucher. Les paroles de ces compositeurs sont pleines de mélodies délicieuses et sont plus raisonnables et plus vraies que de nombreux grands opéras mieux connus.

Vient ensuite la période wagnérienne, avec sa prépondérance du drame sur la musique. Dans « Tristan et Isolde », Wagner, de son propre aveu, s'est détourné des théories préconçues et a composé selon son esprit intérieur. « Tristan » est donc l'œuvre d'un artiste plutôt que d'un théoricien, et bien qu'il soit basé sur le *leit-motiv* et sur certaines autres idées structurelles importantes qui appartiennent au schéma wagnérien, il s'élève bien au-dessus de leurs limites et brille. avec la vraie lumière du génie. Dans « Tristan », l'action est adaptée à la psychologie. C'est une grande œuvre d'art et la plus belle de toutes les rétractations. On y voit avec quelle finesse les moyens peuvent être ajustés aux fins, avec quelle netteté la musique et le texte peuvent s'unir, combien l'usage du *leit-motiv est raisonnable* lorsqu'il caractérise des êtres enflammés de passion ; comment le chant, sous l'influence de grandes situations dramatiques, peut s'élargir ; avec quelle vivacité l'orchestre peut interpréter et même faire avancer les actions ; comment même le chœur peut s'insérer dans le schéma dramatique – partout dans « Tristan » il y a l'unité. Ce n'est pas le cas de la plupart des autres opéras de Wagner. « Die Meistersinger » se rapproche le plus de « Tristan » à cet égard. Ne pouvons-nous pas dire que de tous les drames musicaux de Wagner, « Tristan » et « Die Meistersinger » étaient complètement dans sa conscience, sans mélange d'idées et de théories philosophiques ? Le *leitmotiv* y traite principalement des émotions ou des caractéristiques des personnes plutôt que des objets ou des idées inanimés ; il n'y a pas de spectacle grandiose en eux ; pas de perversité de la théorie, mais seulement de la belle musique mariée à un texte approprié.

Les réformes de Wagner devaient provoquer une réaction, qui arrivait à temps et aboutissait à des œuvres plus courtes et plus directes, comme celles des Italiens modernes. Aucun opéra depuis Wagner, à l'exception de « Otello » et « Falstaff » de Verdi, n'atteint la grandeur de ses drames musicaux, et la tendance de beaucoup de ces œuvres ultérieures a été trop vers ce que nous appelons doucement la « décadence ». Mais il y a une grande différence entre la véracité et la validité artistique de « Carmen » et celles de « La Bohème » et de « La Tosca ». Le premier regorge de passion authentique, aussi primitive, brutale et dévastatrice soit-elle ; et sa compétence technique est incontestable.

La phrase la plus intéressante de l'opéra moderne se trouve dans les œuvres des Russes. Il était inévitable qu'ils bouleversent notre mécanisme artistique délicatement ajusté. « Les Frères Karamazov » de Dostoïevski, c'est comme s'il n'y avait jamais eu de Meredith ou de Henry James, et « Boris Godounov

» de Moussorgski, c'est comme s'il n'y avait jamais eu de Mozart ou de Wagner. Il a quelque chose de cette qualité amorphe qui semble faire partie de la vie russe, mais, d'un autre côté, il a une immense vitalité. Comme c'est rafraîchissant de voir une foule de paysans ressembler à des paysans et de les entendre chanter leurs propres chansons paysannes ; et quelle stabilité ils donnent à l'ensemble de l'ouvrage ! « Boris Godounov » gravite en quelque sorte autour de ces chansons folkloriques qui lui confèrent une certaine réalité et véracité.

V. L'OPÉRA COMME INSTITUTION HUMAINE

Ces différentes œuvres sont depuis longtemps reconnues par le monde musical comme les grands chefs-d'œuvre de l'opéra. Beaucoup d'entre eux sont pratiquement hors du répertoire actuel de nos opéras. Si nous devions nous affirmer, si le grand public avait la possibilité de choisir entre le bien et le mal, nous les entendrions souvent. Et qui peut dire quels résultats ne pourraient pas provenir d'un petit opéra bien géré, avec des représentations de belles œuvres à des prix raisonnables ?

L'opéra est contrôlé par quelques hommes riches qui pensent que cela fait partie de la vie d'une grande ville qu'il y ait un opéra avec un bel orchestre, de beaux décors et les plus grands chanteurs disponibles. Il n'existe pas pour le bien de la ville entière, mais plutôt pour celui des bourses pléthoriques. Il ne cherche pas à devenir une force sociologique ; il ne voit même pas vaguement quelles possibilités il possède dans cette direction. Les opéras et les compagnies d'opéra sont soigneusement protégés contre tout examen sociologique. On rapporte constamment qu'ils sont des foyers d'intrigues ; ils font du commerce sur la société et sur l'amour du chant bien rémunéré ; ils s'entourent d'une atmosphère exotique dans laquelle la personne normale a du mal à respirer, et qui fait souvent du chanteur d'opéra un étrange spécimen du *genre* homme ou femme ; ils se ruinent de temps en temps et sont tirés d'affaire par les riches inutilement ; ils sont trop peu liés à la communauté qui les soutient, sauf par le biais de l'argent et des conventions sociales.

Ces conditions artificielles et fausses sont vouées à entraîner des maux à leur suite, mais ces conditions et ces maux sont principalement le résultat de notre propre complaisance. L'opéra était-il en quelque sorte domestique ? étaient des chanteurs d'opéra, au moins dans une certaine mesure, des êtres humains comme nous, évoluant dans un monde raisonnable ; sommes-nous allés entendre de l'opéra comme on va à un concert symphonique ou dans un musée d'art, pour satisfaire notre amour de la beauté et éveiller notre imagination au contact des beaux objets ; Si les conditions de représentation étaient telles qu'elles nous permettaient d'entendre les paroles, alors l'opéra deviendrait une belle institution humaine, alors il prendrait sa place parmi les nobles rêves de l'humanité.

Dans ma tentative d'établir certaines distinctions entre le bon et le mauvais opéra, j'ai tracé une ligne quelque peu arbitraire. Je ne veux pas donner l'impression que je pense que tout opéra d'un côté est mauvais et de l'autre bon. J'ai essayé de trouver un juste équilibre en appliquant certains principes admis de construction et d'expression artistique. L'opéra s'est injustement réclamé de l'immunité contre ces principes qui sont à la base de la vie et donc de l'art.

Et finalement, nous arrivons à ce point de notre argumentation où le raisonnement doit s'arrêter complètement. Car l'opéra est pour beaucoup de gens une sorte de fascination totalement étrangère à la raison. Ils refusent de l'admettre comme sujet de discussion ; ils apprécient le spectacle sur scène et le spectacle dont ils font partie ; la vue de trois mille personnes bien habillées comme eux les réconforte ; le beau chant, les costumes et la mise en scène, le bel orchestre palpitant d'une passion entièrement débridée, tout cela dont ils jouissent dans cette lassitude mentale qui leur est chère. Ils sont peut-être légèrement mal à l'aise lors d'un concert symphonique ; ici, il n'y a aucune obligation. En bref, l'opéra est pour ces gens-là une aventure esthétique légèrement illicite.

CHAPITRE VI
LA SYMPHONIE

I. QU'EST-CE QU'UNE SYMPHONIE ?

Dans le premier chapitre, j'ai discuté de la nature de la musique elle-même afin de pouvoir dissiper certaines idées fausses populaires à son sujet et parvenir à une certaine estimation de ce qu'elle est réellement. Dans les chapitres suivants, j'ai traité de différentes phases de la musique : je l'ai discutée en relation avec les mots ou l'action, comme force sociologique et comme question pédagogique, et ce faisant, j'ai dû prendre en considération toutes sortes de facteurs. facteurs non musicaux. Or la symphonie est ainsi appelée « musique pure » ; il existe comme une chose séparée et distincte dont le seul but est d'être belle et fidèle à la vie. De plus, il a toujours été largement indépendant de son public. L'opéra a été soumis aux caprices des chanteurs, aux exigences du public pour de beaux costumes et décors ; la symphonie, au contraire, s'est développée naturellement et librement, n'étant gênée que par le lent développement des instruments et de la technique de leur jeu. Presque toutes les grandes symphonies ont persisté malgré l'opposition du public et de nombreux critiques ; les quolibets lancés à la Première Symphonie de Brahms étaient aussi acerbes que ceux lancés à la Deuxième Symphonie de Beethoven. En discutant donc de ce qui est sans aucun doute la plus grande des formes musicales, je désire d'abord énoncer aussi précisément que possible ce qu'elle est, dans son essence.

Une symphonie, bien entendu, comme toute autre musique, est un arrangement de figures rythmiques, de mélodies (généralement appelées « thèmes ») et d'harmonies. Mais avant de le décrire comme tel – avant d'aborder ses matériaux, sa forme, son histoire et sa place dans l'art musical – je souhaite le traiter uniquement comme une chose de beauté exprimée en termes de son. Beaucoup de gens semblent considérer la musique comme un art traitant d'objets ou d'idées. Certains, n'y ayant jamais été sensibilisés dans l'enfance, y considèrent que cela n'a aucune importance. Un grand nombre ont essayé de l'exécuter sur un instrument et ont échoué. D'autres y sont parvenus au prix de n'y penser qu'en termes de technique. Quelques privilégiés, dont certains peuvent le réaliser, et d'autres ne le peuvent pas, se contentent de le prendre tel qu'il est et d'en être stimulés. Ce sont les vrais musiciens et nous devrions tous aspirer à rejoindre leur heureuse compagnie.

Ce que nous appelons une symphonie n'est qu'une série de sons ordonnés produits au moyen d'instruments de diverses sortes. C'est du son et rien d'autre. Nos programmes nous parlent des « premiers thèmes » et des « seconds thèmes », et nous faisons tous les efforts que nous pouvons pour rassembler les diverses textures brillantes de la musique symphonique en un modèle cohérent, mais la musique que nous recherchons se cache derrière ces manifestations extérieures comme : dans un sens moindre, la signification d'un grand poème réside derrière les mots eux-mêmes. Il en est ainsi de tous les plus grands arts, quel que soit le médium. La principale différence entre une symphonie et toute autre forme d'expression artistique – comme un roman, une pièce de théâtre, une peinture ou une sculpture – est qu'une symphonie n'est pas un enregistrement d'autre chose ; ce n'est pas une image de quelque chose d'autre ; c'est lui-même seulement. Et c'est cette qualité ou propriété de l'être lui-même qui donne à toute musique pure sa puissance remarquable. Toute personne intelligente, en lui montrant un diagramme ou un plan d'un mouvement symphonique, pourrait être amenée à comprendre comment et pourquoi le matériau a été ainsi disposé, car cette disposition est dictée au compositeur par la nature du son et par les limitations et capacités de les êtres humains, et il est conforme à certains principes qui s'appliquent partout ; mais cette compréhension ne lui révélerait pas la symphonie.

Il existe en chacun de nous une région de sensibilité dans laquelle l'esprit et l'émotion se mélangent et à partir de laquelle agit l'imagination, et c'est à cette sensibilité que la musique fait appel. Or, l'imagination, que nous considérons comme la fonction la plus élevée de l'être humain, ne peut agir à partir du seul esprit. Les mathématiques, par exemple, ne relèvent pas entièrement du domaine de l'esprit, et la même chose peut être dite de n'importe quel autre domaine scientifique. La principale valeur des études scientifiques à l'école et à l'université réside dans la stimulation de l'imagination de l'étudiant plutôt que dans l'acquisition de faits scientifiques. Or, nous ne pouvons concevoir aucun acte de l'imagination qui ne rayonne du rayonnement de l'émotion, de sorte que la musique, en faisant appel à l'être tout entier, n'est pas aussi complètement isolée qu'on le suppose généralement. Mais l'appel simultané de la musique à l'esprit et aux sentiments a amené beaucoup de confusion chez les écrivains qui n'ont pas été sensibles à toutes ses qualités. Dans son essai sur « l'Éducation », Herbert Spencer, par exemple, à propos de l'union de la science et de la poésie, déclare : « Il est sans aucun doute vrai que, en tant qu'états de conscience, la cognition et l'émotion ont tendance à s'exclure. Et il est sans doute vrai aussi qu'une activité extrême des sentiments tend à endormir les facultés réfléchies : en ce sens, en effet, tous les ordres d'activité sont antagonistes les uns aux autres. » Or, cette affirmation révèle immédiatement les limites d'un esprit philosophique lorsqu'il s'agit de quelque chose qui nécessite également une appréhension par les sentiments. En écoutant de la musique, les pouvoirs réflexifs ne sont pas engagés dans des objets ou des idées définies, mais dans un son pur qui ne nécessite une corrélation qu'avec lui-même, et la condition d'exclusion mutuelle entre la pensée et le sentiment n'existe plus parce que la musique exprime la pensée et le sentiment *de manière interactive. les mêmes termes* . [9] Spencer parle de la science comme étant pleine de poésie, ce qui est tout à fait vrai, mais sa déclaration sur la musique révèle une incapacité à la comprendre. Et ses idées fausses sur l'art en général peuvent être illustrées par ce qui suit concernant l'axe dans la sculpture appliqué à une figure debout : « Mais il n'est pas rare que les sculpteurs peu familiers avec la théorie de l'équilibre représentent cette attitude de telle sorte que la ligne de direction tombe à mi-chemin entre les pieds. . L'ignorance des lois de la quantité de mouvement conduit à des erreurs analogues ; comme en témoigne l'admiré Discobole, qui, comme il est posé, doit inévitablement tomber en avant au moment où le quoit est livré. Cette observation passe complètement à côté des raisons tout à fait valables de la pose de cette statue remarquable et, si elle était appliquée à la sculpture en général, elle détruirait la célèbre « Victoire de Samothrace » et bien d'autres beaux exemples de sculpture grecque.

Mais il est après tout étrange et mystérieux que ces sons ordonnés nous soient si précieux ; que nous devrions préserver leurs symboles imprimés génération après génération et les reproduire continuellement sous forme sonore, en les sentant forts, stables et vrais ; qu'on en viendrait même à dire, après bien des générations, que leur créateur était un sage qui avait en lui une philosophie profonde. Mais il est encore plus étrange de se rendre compte à quel point cette philosophie est convaincante par rapport à n'importe quelle philosophie de la raison, et de voir combien est profond en elle le sentiment de réconciliation – une réconciliation que l'esprit cherche en vain. Notre vie est constituée de pensées, de sentiments et d'actions, phénomènes de ce que nous sommes et qui, dans la vie réelle, ne sont jamais tout à fait conciliables. Mais le monde de la musique n'est pas la vraie vie. La musique est affranchie des phénomènes réels et réalise, grâce à cette liberté, une philosophie complète et profonde, une philosophie inintelligible pour l'esprit seul, mais intelligible pour l'être complet. La force de tout art réside principalement dans son détachement de la réalité. La sculpture ne gagne pas à être réaliste, pittoresque ou décorative ; au contraire, elle atteint son apogée lorsqu'elle est idéale, détachée et surhumaine. La peinture ne gagne pas à être catégorique, mais elle est plus grande lorsqu'elle cherche quelque chose au-delà de la vision extérieure et physique. La grandeur du roman ou de l'essai dépend de sa capacité à relier des personnes, des choses et des idées réelles à la réalité plus grande et plus profonde dont elles font partie. En ce sens, la musique domine les autres arts parce qu'elle est la plus détachée. Les éléments de la pensée et du sentiment sont, en musique, présentés comme des éléments ; la pensée n'est pas pensée, même de manière abstraite, car elle ne « concerne » rien ; le sentiment n'est pas un sentiment réel et l'action n'est pas une action réelle. Chacune de ces propriétés ou états de l'être humain est ici exprimée dans son essence, détachée de toute manifestation actuelle. Seul le type d'esprit le plus élevé, seul un cœur plein de profonde sympathie humaine, seul un esprit militant vigoureux aurait pu concevoir et produire de telles compositions, par exemple, comme la Troisième et la Neuvième Symphonies de Beethoven, et pourtant elles ne sont rien d'autre que le son – ni la pensée, ni le sentiment, ni l'action ne sont réels.

Mais on peut aussi dire avec raison que dans le roman de Conrad, ce n'est pas la personne, Lord Jim, qui nous émeut, mais plutôt la profonde compréhension de l'auteur des éléments du caractère humain exprimés à travers le personnage central. Un portrait de Velasquez est un portrait de la personnalité qui a vécu sous son apparence extérieure. La figure de Pendennis n'est pas tant la jeunesse portant ce nom que la jeunesse elle-même – une jeunesse insouciante, mais liée par la tradition et l'amour. Tout grand art est subjectif et réside dans l'esprit de l'homme.

C'est donc dans cette perspective que j'aborde la symphonie. Je n'ai pas besoin maintenant de m'attarder sur son histoire, sur sa forme ou sur ses moyens d'expression, car ils ne sont qu'accessoire au fait qu'il s'agit d'un document humain profond. La musique pure, à son apogée, est la volonté de l'homme rendue manifeste, et on peut douter que cette volonté se manifeste pleinement dans aucune de ses autres créations. Il englobe toutes ses actions, toutes ses pensées, tous ses sentiments ; cela traduit ses rêves ; cela satisfait ses insatiables curiosités ; cela justifie son orgueil (comme lui-même ne le fait jamais) ; cela fait de lui le dieu qu'il voudrait être ; c'est comme une boule de cristal dans les profondeurs mystiques de laquelle toute la vie se meut dans un fantasme d'ombre.

II. COMMENT ALLONS-NOUS LE COMPRENDRE ?

Il est donc évident que la seule façon possible de comprendre une symphonie est de l'accepter telle qu'elle est et de ne pas essayer d'en faire autre chose. La musique n'est pas un langage ; il n'existe pas en d'autres termes, mais il est intraduisible. Lorsqu'une trompette retentit et que vous faites l'une des associations conventionnelles avec la trompette, comme une bataille, une chasse, une proclamation, un signal, votre esprit s'égare dans un flot d'idées étrangères qui peuvent vous transporter n'importe où et qui vous emporteront certainement. vous vous éloignez de plus en plus de la musique elle-même. Chacun des instruments de l'orchestre a sa propre association individuelle : le hautbois rappelle la flûte de berger, la flûte le chant d'un oiseau, le cor de chasse, etc. mais chacun des instruments de l'orchestre, pendant que vous l'écoutez, forme des lignes et ajoute des couleurs, pour ainsi dire, dans un grand dessin. Et ce dessin, toujours complet en un point donné, continue sans cesse à se former à nouveau. Il est toujours complet et toujours incomplet, toujours en marche, toujours délicatement préparé pour une fuite inévitable. Pendant que vous écoutez, vous avez vécu mille vies ; rêve après rêve s'est dissous dans votre conscience ; chaque instant a été une existence parfaite et complète en soi. Une fois terminé, vous vous réveillez dans ce que vous appelez bonheur ou malheur, paix ou lutte, satisfaction ou chagrin ; le spectacle irréel du monde s'impose à nouveau à vous ; vous êtes à nouveau un être humain. Pourquoi demander à ce monde glorieux dans lequel votre nature a été libérée et votre âme débarrassée de votre corps d'assumer toutes les imperfections de celui-ci ? Les dieux habitent nécessairement dans les cieux. Non, vous ne pouvez pas comprendre la musique en la traduisant en d'autres termes ou en préservant vos associations avec le monde dans lequel vous vivez. L'esprit et le sentiment, sublimés par la magie de ces sons, doivent se détacher et s'élever vers un monde de pure imagination où il n'y a pas de localité.

Réconciliation! Une philosophie sans catégorie ; une religion sans dogme ; un monde fantôme indestructible qui n'offre aucune explication, ne promulgue aucune opinion et n'a aucune mission – qui existe complètement en lui-même. Que demander de plus ? Pourquoi crier au ciel pour une manifestation ? Pourquoi se réfugier dans un soi-disant « système » de philosophie ? Pourquoi rejeter tout le problème sur un dogme ? Quel réconfort pour un écureuil en cage de connaître le nombre de ses barreaux ? Notre lent et inévitable progrès de l'inconnu à l'inconnu est-il d'autant plus significatif que nous avons appris à raconter nos chapelets, intellectuels, religieux ou esthétiques, à marmonner nos petites formules et à nous frayer un chemin, les yeux baissés, parmi les pierres et des épines, sans jamais jeter un seul regard clair vers le soleil ? Nous avons toujours recherché une quatrième dimension et nous l'avons toujours eue. Nous voulons ce que nous n'avons pas ; nous souhaitons être ce que nous ne sommes pas ; et tout le temps ils ont été à notre portée. Nous créons un paradis lointain pour répondre à ce cri universel, lorsque notre main est sur le loquet même de sa porte. Notre imagination faiblit davantage lorsque nous l'appliquons aux choses les plus proches de nous. Où *peut* être le paradis sinon ici ? Est-ce un omnibus dans lequel vous pouvez obtenir une place confortable en payant votre billet ? Ou est-ce un état de vous-même vers lequel vous luttez continuellement et auquel vous atteignez occasionnellement ?

Voilà donc ma thèse. Une symphonie n'est pas simplement un arrangement de rythmes, de mélodies et d'harmonies ; ce n'est pas un compte rendu des pensées, des sentiments et des actes des hommes ; ce n'est pas une image de l'homme ou de la nature. Au contraire, il se lance à partir de là vers l'inconnu. C'est une pure imagination libérée du réel.

Ce qui précède n'exclut en aucun cas l'idée d'une symphonie exprimable en termes de rythme, de mélodie et d'harmonie. Ce que j'ai dit a été dit dans le but d'empêcher de le concevoir *en ces termes seulement* (et, bien entendu, en termes encore inférieurs). Notre audition physique est un transit vers l'imagination et nous voulons que l'audition physique serve cet objectif. Rien ne le retarde plus qu'une tentative *de l'époque* d'intellectualiser le processus. Autrement dit, écouter une symphonie doit consister à s'y consacrer librement ; en faisant de vous un médium passif. Votre étude de la disposition des thèmes, etc., devrait précéder ou suivre l'expérience réelle. Et si vous n'avez ni loisir ni possibilité d'étudier de la sorte et dépendez entièrement d'un concert occasionnel, vous devez néanmoins continuer à poursuivre la même inactivité, en laissant la musique elle-même augmenter peu à peu votre susceptibilité. Si l'esprit est employé à tenter de sortir l'ordre de la confusion, il usurpe pour le moment les autres fonctions d'écoute. Et j'irais jusqu'à dire que le but propre d'une éducation musicale devrait être d'arriver à un tel état d'impressionnabilité de la musique pure qui laisserait l'esprit, les sentiments et l'imagination libres d'agir inconsciemment sans direction active. et sans lutte. La question est tellement évidente. Il y a la musique ; voici la personne. Cela l'attend. Il a été créé de lui et pour lui. C'est inconcevable sans lui. C'est son esprit qui lui revient purifié. C'est la seule chose qu'il ne peut pas souiller, et qui ne peut pas le souiller, car, de par sa nature même, elle ne peut pas être utilisée à des fins basses. Quel homme serait, le voici. En faisant ce beau spectacle de la vie, comme le dit Conrad, il en a trouvé la seule explication. Nous devrions donc éviter de gâcher l'expérience réelle en nous concentrant délibérément sur les détails techniques.

Ce que j'ai dit jusqu'à présent peut sembler d'une légère aide à la personne moyenne qui assiste à des concerts symphoniques. J'ai expliqué ce que je pensais être la musique symphonique et j'ai exhorté mes lecteurs à ne pas l'écouter de manière analytique. Mais mon objectif ici n'est pas de tenter d'ouvrir une voie facile au mélomane ; en fait, je suis totalement opposé à cette pratique trop courante de l'écriture esthétique. Il n'existe pas de voie facile et tenter d'en trouver une est désastreux pour tout progrès quel qu'il soit. Quiconque est parvenu à une véritable compréhension des objets esthétiques sait que le développement de cette compréhension a été lent. La faiblesse caractéristique de notre statut artistique est l'auto-illusion. Nous ne sommes pas francs avec nous-mêmes ; nous ne voulons pas nous admettre dans l'ignorance ; nous avançons des opinions qui ne sont pas les nôtres. La seule base possible pour progresser dans quoi que ce soit est l'honnêteté intellectuelle. Les informations sur une symphonie sont inutiles à moins qu'il n'y ait un réel attrait dans la musique elle-même. Je n'essaie donc pas de proposer ici une panacée ; c'est tout le contraire qui est mon objectif. Tout ce que je veux faire, c'est montrer que la symphonie vaut la peine d'être défendue et dissiper les idées fausses qui pourraient retarder le progrès de ceux qui ont la volonté et la persévérance de lutter. Et quand il n'y a pas de volonté de lutter, rien ne peut être accompli. Ce qu'on appelle « lassitude mentale » est presque une contradiction dans les termes.

Il est évident qu'une bonne éducation musicale aurait résolu nos problèmes de manière naturelle. Si, enfants, on nous avait appris à chanter uniquement de belles chansons ; si nous avions été formés à écouter de la musique ; si notre mémoire des phrases musicales, des rythmes, etc., avait été cultivée, nous appréhenderions rapidement toutes les qualités d'une symphonie, car tout notre raisonnement analytique aurait été fait à l'avance. Et rien ne pourra jamais remplacer une telle éducation, parce que le goût naturel pour la musique, si fort dans l'enfance, a été laissé tomber en nous. Pour que notre premier devoir soit envers nos enfants. Nous voulons qu'ils évitent nos erreurs. Dans chaque foyer, dans chaque école, publique ou privée, cet idéal de l'étude musicale doit être défendu, à savoir que les enfants doivent entrer dans la vie de manière à être préparés par leur éducation précoce, de manière à pouvoir jouir de la plus grande musique.

Je prends une forme de musique pure comme un type de notre plus haute réalisation, car lorsque la musique s'allie aux mots ou à l'action, elle donne certains otages. De plus, la symphonie a évolué lentement selon la loi de son être propre, et elle représente l'application à la musique de ces lois générales de proportion et d'équilibre, d'unité et de variété, qui régissent toute expression artistique. Il n'a jamais été soumis à des influences étrangères ; la popularité n'a pas été son moteur ; la virtuosité ne l'a jamais dicté. Si vous comprenez la symphonie, vous pouvez appliquer cette compréhension à toute autre forme de musique. Si on le compare à l'opéra, cette distinction saute aux yeux. Dans l'opéra, l'antagonisme dont parle Spencer entre les états de sentiment et de cognition existe bel et bien, parce que l'esprit y est sollicité à travers des objets plutôt qu'à travers le son pur. La symphonie parle dans ses propres termes ; L'opéra parle en termes de personnages en action, de costumes et de décors, ainsi que de musique. Même les plus grands opéras vous amènent à réfléchir sur quelque chose qui les entoure – sur les motivations humaines telles qu'elles s'expriment dans l'action humaine. Que ce soit dans « Don Giovanni » ou dans « Tristan », bien que la musique atteigne de grands sommets de beauté et soit profondément émouvante, il y a l'inévitable lutte entre la vue et l'ouïe, l'inévitable difficulté entre un état simultané de cognition et de ressenti. La symphonie échappe entièrement à ce dilemme. Je ne doute pas que de grands motifs se cachent derrière cela ; sans aucun doute, c'est aussi un drame de la vie humaine, car autrement il ne pourrait pas être grand en tant qu'œuvre d'art ; mais le jeu des motifs dans une symphonie est caché derrière le voile impénétrable du son. Les Troisième, Cinquième et Neuvième Symphonies de Beethoven sont véritablement dramatiques, mais seulement dans ce sens. Ils vont du tendre au terrible ; ils ont leurs propres sommets émotionnels ; ils philosophent, ils ruminent, ils sourient comme un masque comique ; l'action et la réaction se succèdent comme dans la vie elle-même ; il ne manque que cette chose sans conséquence, la réalité. L'art est vérité ; la vie n'est qu'une ombre qui disparaît au coucher du soleil.

III. LES MATÉRIAUX DE LA SYMPHONIE

J'ai dit que la symphonie a évolué lentement selon les lois de son propre être, et je souhaite exposer brièvement et (autant que possible) en termes simples comment cette évolution s'est produite. Si je devais revenir au tout début, je devrais souligner que la différence primordiale entre la musique et le bruit réside dans l'intensité de la vibration et dans le regroupement des sons en séries régulières au moyen d'accents. Une série de tons sans accent ne fait pas de musique. Si une horloge, en sonnant douze,, en accentuant certains coups, jetait le nombre entier en groupes réguliers, elle fournirait la base de la musique. Dans tout grand morceau de musique martiale, ces accents et ces impulsions en groupe constituent l'élément qui nous pousse à nous y conformer nous-mêmes ; nous battons la mesure avec la main ou le pied ; nous sommes imprégnés de cet élan. Et la force de l'impulsion peut être observée à la fin de presque tous les morceaux de musique où les accords conventionnels atténuent leur accent. Les quarante dernières mesures de la Cinquième Symphonie de Beethoven constituent une sorte de frein à l'immense masse en mouvement. La Polonaise de Chopin, opus 26, numéro 1, au contraire, ne se termine pas ; ça s'arrête. Dans « Tom Jones » de Fielding, l'élan de l'action est si poussé que le point culminant est reporté à un point dangereusement proche de la fin du livre, ce qui nous laisse un sentiment d'essoufflement, voire d'aggravation. En musique, lorsque cet élan est d'une vigueur extrême, tout déplacement temporaire de celui-ci produit presque l'effet d'un cataclysme - comme dans le premier mouvement de la Troisième Symphonie de Beethoven, où de grands accords par deux s'entrechoquent à travers des groupes métriques de trois déjà établis. Au sein des groupes métriques, toutes sortes de subdivisions peuvent exister, et celles-ci constituent ce qu'on appelle le « rythme » en musique. Le rythme, en bref, est la variété que toute mélodie impose aux battements réguliers qui constituent sa base temporelle.

C'est de ce mouvement rythmique que la symphonie tire sa qualité d'action, et les précurseurs de la symphonie à cet égard étaient les vieux chants populaires et les airs de danse dont les mélodies sont pleines d'une diversité rythmique. La ligne allant de ces premières compositions naïves jusqu'à la musique symphonique n'a jamais été rompue, et il n'existe pratiquement aucune symphonie qui ne leur rende directement hommage.

Je m'attarde assez longuement sur ce point car c'est là que réside une grande partie de l'énergie de la musique. Les figures rythmiques auxquelles j'ai déjà fait référence contiennent en elles une force primordiale. Ils sont capables de rejeter des parties d'eux-mêmes, et celles-ci, prises dans l'orbite primaire, vivent comme des identités séparées, jusqu'à ce que l'attraction trop puissante de la plus grande masse les absorbe à nouveau. En tant que rythme, un mouvement symphonique est donc comme une énergie physique sublimée.

Alors que les premières oscillations de son impulsion frappent notre conscience, nous sommes entraînés dans un monde de mouvement qui présente l'inévitabilité des trajectoires d'étoiles. Nous sommes nous-mêmes tous du rythme – un rythme emprisonné et en attente de libération. Dans la musique, nous ne faisons qu'un avec tous ces mouvements ou vibrations incessants sans lesquels il n'y aurait pas de monde physique ou spirituel. Je dis donc que le rythme est le cœur même de la musique ; que même si nous y sommes tous sensibles (même si relativement peu de gens peuvent bouger leurs mains, leurs pieds ou leur corps dans un rythme parfait – ils se porteraient bien mieux s'ils le pouvaient !), nous ne voyons pas vraiment quelle signification cela a en tant que propriété esthétique de musique. Lorsque le cœur de la musique cesse de battre (comme dans un scherzi de Beethoven), nous sommes surpris, ou peut-être troublés, de ne pas répondre au merveilleux silence ; lorsque deux ou même trois rythmes agissent simultanément, nous sommes confus et impuissants devant le plus fascinant des phénomènes esthétiques.

Permettez-moi ensuite de m'arrêter brièvement sur cet élément de l'évolution de la musique symphonique qui consiste dans l'utilisation simultanée de plusieurs thèmes. Si nous remontons à son origine, nous nous retrouverions au IXe siècle. Maintenant, même si je sais que ce n'est pas le lieu pour une dissertation sur des termes musicaux abstrus, je me risquerai à ce point, non seulement parce que cette méthode d'écriture est utilisée dans presque toutes les très belles musiques, mais parce qu'une grande partie du plaisir Le résultat de l'écoute d'une symphonie dépend de notre capacité à suivre les divers brins mélodiques qui la constituent. N'en est-il pas de même du roman ? Le thème principal de « L'Égoïste » de Meredith est traversé et entouré d'innombrables contre-thèmes. On ne le trouve en aucun cas chez Sir Willoughby seul, car vous le comprenez à travers le bon sens de Vernon, à travers les intuitions de Clara, à travers la patiente surprise de M. Middleton d'avoir une telle fille, à travers Letitia, et Crossjay, et Horace. De Cray – tout cela explique et éclaire continuellement le thème pour vous. Il est vrai que la musique vous demande d'écouter plusieurs mélodies à la fois, mais que vous demande de faire l'épisode de Crossjay écoutant involontairement la déclaration tardive de Sir Willoughby à Letitia ? Suffit-il simplement d'enregistrer la scène telle qu'elle se déroule devant vous ? Ou vous souvenez-vous du père de Crossjay marchant dans l'avenue avec ses vêtements mal ajustés ? Les intercessions de Clara pour Crossjay ? Les tentatives de Vernon pour s'adapter à la grandiloquence autoritaire de Sir Willoughby ? Et ne devez-vous pas surtout vous rappeler que Crossjay avait été enfermé hors de sa chambre par Sir Willoughby et qu'il avait cherché refuge dans le pouf ? Ce sont tous des éléments de la mélodie principale de cette remarquable composition. (Tous les éléments ne sont pas là, car la satire ne dit jamais toute la vérité. « Tony » dans « Promise » et « Succession » d'Ethel Sidgwick est également un égoïste.)

Un roman, en ce sens, n'est donc pas successif, mais *simultané* . . Tout ce qui a été et tout ce qui doit exister existe à chaque instant de la vie, car c'est tout ce que nous appelons « le présent ». La principale différence entre un tel jeu de personnages autour d'une idée et le mouvement de nombreux thèmes musicaux autour d'un thème central réside dans la qualité détachée et spiritualisée du son.

Il est évident que la musique, écrite pour un orchestre contenant une vingtaine d'instruments différents *et* des partitions d'interprètes, doit avoir une grande variété d'expression. Chaque instrument a sa propre couleur sonore, sa propre tessiture et sa propre technique, et chacun doit avoir sa propre chose à dire. En ce sens, la musique symphonique est un maillage complexe de mélodies, chacune visant son propre but, chacune faisant partie d'un tout. Dans aucun autre moyen d'expression varié, la symphonie n'est une évolution plus stricte et plus complète que dans celle-ci aux textures mélodiques complexes. Il n'y a eu aucune interruption. Depuis son premier grand moment de perfection au temps de Palestrina, en passant par le madrigal et la fugue, par les airs de danse conventionnés dans la suite, par les pièces d'orgue, les oratorios, etc., cette méthode d'écriture a persisté. Wagner fonde toute sa structure musicale sur le jeu et l'interaction des lignes mélodiques dans ses *leit-motifs* . Bach est toute une texture mélodique. La musique écrite de cette manière est appelée « polyphonique » et la méthode d'écriture est appelée « contrepoint ».

À l'opposé, la musique « monodique » n'emploie qu'une seule mélodie sur un accompagnement d'accords. Une grande partie de la musique que nous entendons est monodique ; un air de Puccini, une chanson populaire, la plupart des musiques d'église, celles-ci n'ont qu'une seule mélodie. Il en va de même pour « Pour Annie » de Poe. La musique polyphonique a le grand avantage d'être intensive dans son expression ; il évolue hors de lui-même. Quand je dis que presque tout le premier mouvement de la Neuvième Symphonie de Beethoven est élaboré à partir de quelques mesures proches du début, je veux dire que les fragments mélodiques du thème prennent une vie qui leur est propre et, ce faisant, illustrent et exposent le signification de la thèse originale dont ils sont issus. Cette qualité, ou propriété musicale, sur laquelle j'ai insisté, n'est donc pas tant une question de technique que d'esthétique. La chose faite et la manière de la faire sont chacune le résultat de lois générales, et j'ose m'y attarder ici, non pour des raisons expertes et techniques, mais parce que je veux offrir à l'auditeur des symphonies une de ses plus délicieuses possibilités. Il convient enfin de noter le fait important que seuls les thèmes symphoniques qui ont un rythme varié et vibrant remplissent bien les fonctions du contrepoint, car l'essence du contrepoint instrumental réside dans la confrontation de deux ou plusieurs phrases mélodiques aux rythmes contrastés.

Je ne veux pas dire par ce qui précède que la musique symphonique emploie constamment le contrepoint contre la simple mélodie. Il y a des passages entiers dans les symphonies de Haydn, de Mozart et de Beethoven où un air est joué sur un accompagnement d'accords, et un compositeur lyrique comme Schubert emploie assez rarement le contrepoint. Mais dans les plus grandes symphonies, la méthode d'expression prédominante est la polyphonie.

En écrivant sur le contrepoint, je me suis attardé sur la qualité rythmique de la mélodie et j'ai déclaré qu'un rythme bien défini et varié est essentiel au traitement contrapuntique. J'aurais presque dit que toute bonne mélodie dépend du rythme. Je dis — en m'attendant à de nombreuses protestations silencieuses de la part de certains de mes lecteurs — que toutes les plus grandes mélodies ont un rythme finement ajusté, et j'applique cette affirmation à toutes les mélodies, depuis la chanson populaire jusqu'à nos jours. Je pourrais énumérer de belles mélodies dont l'effet dépend d'autres propriétés que le rythme, — comme la deuxième mélodie de la Nocturne en sol majeur de Chopin, opus 37, numéro 2, — mais je dois ajouter que, en tant que mélodie, existant par elle-même, elle n'est pas belle. et la raison en est que son rythme est monotone. [10] Et quand je dis que ce n'est pas bien, je veux dire que ce n'est pas très imaginatif, et que cela dépend trop de son harmonisation. Et quand, à mon tour, je dis ça, je veux dire, forcément, que c'est trop émotif. La différence entre un tel thème et un autre avec un rythme vraiment fin est la différence entre « The Raven » de Poe et « Ode to a Grecian Urn » de Keats. Dans le premier cas, l'esprit est continuellement bercé par la douce ondulation des rythmes et des rimes ; dans ce dernier cas, l'esprit est continuellement stimulé par leurs complexités. Pourtant, l'ode de Keats est aussi unifiée que les paroles de Poe. Il y a des mélodies pour des chansons pour le pianoforte, pour le violon et pour l'orchestre ; il y a des mélodies de sonate et il y a des mélodies symphoniques, tout comme il y a une forme pour une hachette et une forme pour une paire de ciseaux - ce qui ne fait qu'énoncer une fois de plus la vieille loi selon laquelle le style doit convenir au moyen d'expression, ou que la forme doit être adapté aux usages auxquels une chose est destinée. Les thèmes symphoniques, contrairement aux thèmes de chansons, de courtes pièces pour piano ou de danses, ne devraient pas être concluants ; ils valent plus pour ce qu'ils présagent que pour ce qu'ils déclarent, et ils devraient indiquer leur propre destinée. Les quatre notes par lesquelles commence la Cinquième Symphonie de Beethoven le sont — en fait, le thème tout entier n'a aucune valeur en soi — mais elles contiennent suffisamment d'énergie refoulée pour vitaliser non seulement le premier mouvement, mais les trois qui le suivent. S'il était possible à chaque lecteur de ces paroles d'entendre, comme intermède à sa lecture, une série de grandes mélodies symphoniques, et s'il les écoutait attentivement, il trouverait presque chacune d'elles contenant un rythme finement ajusté.

Les thèmes symphoniques présentent certaines difficultés à l'auditeur dont la compréhension de la mélodie se limite à un air strophique carré. Il est habitué à une certaine ponctuation musicale : une virgule (pour ainsi dire) après les première et troisième lignes de la musique, un point-virgule après la deuxième et un point à la fin. Et quand il bénéficie d'une période supplémentaire (comme il le fait après la troisième ligne de la chanson « America »), il est d'autant plus heureux. Lorsqu'il entend le thème d'ouverture de la Symphonie "Héroïque" se briser en deux au milieu et s'effondrer, il se décourage, car son imagination musicale n'est pas suffisamment développée pour voir que cette même rupture présage le bouleversement tragique de tout le mouvement. . Lorsque Brahms énonce, dans les premières mesures de sa Troisième Symphonie, deux thèmes à la fois, il ne saisit pas l'élément de conflit qui est impliqué et ne peut donc pas suivre sa progression jusqu'au triomphe final de l'un d'entre eux.

Mais la symphonie contient tout, et il y a une place pour la mélodie lyrique, pourvu que l'envolée soit longue et ample. Le « mouvement lent » d'une symphonie contient de tels thèmes, mais ils ne se contentent pas d'être de simples belles mélodies. Eux aussi doivent contenir une certaine virtualité qui est ensuite réalisée. L'exemple le meilleur et le plus familier se trouve dans la Cinquième Symphonie de Beethoven, où la première unité rythmique (contenue dans les trois premières notes) du beau thème romantique se détache et poursuit une existence presque scandaleuse pleine de farces et de grimaces délicates et de plaisanteries comiques. et tourne, tantôt doux, tantôt ironique, tantôt faisant semblant d'être sentimental, jusqu'à ce qu'il rejoigne enfin le thème. Cette pièce est une romance teintée de comédie, une romance assez grande pour subir tous les effets secondaires sans la moindre dilution de sa qualité.

Toute tentative dans un livre comme celui-ci pour expliquer les subtilités du développement harmonique tel qu'on le voit dans la symphonie ne doit pas être concluante. L'harmonie est, en elle-même, moins tangible que le rythme ou la mélodie, car il lui manque dans une large mesure l'élément de continuité. J'entends par là que les groupes d'harmonies ne possèdent pas de cohérence les uns par rapport aux autres. Ils ne restent pas dans la mémoire comme le fait une ligne mélodique ; l'impression que nous en avons est éphémère. Il peut toucher avec de la lumière ou de l'ombre un bref instant d'un morceau de musique (comme c'est fréquemment le cas dans les compositions de Schubert) ; cela peut produire une émeute de couleurs ahurissante (comme dans la musique ultra-moderne) ; ou bien il peut recouvrir l' ensemble de la pièce d'une ombre tamisée (comme dans le mouvement lent du quintette de Franck). Mais le véritable office de l'harmonie est de servir la mélodie. Je veux dire par là que lorsque deux ou plusieurs mélodies résonnent ensemble, elles créent une harmonie à chaque point de contact, et cette harmonie, accessoire au mouvement des parties mélodiques, a une réalité que les accords à eux seuls ne peuvent acquérir. Et toute la justification de nombreux sons de la musique ultramoderne réside dans cette théorie parfaitement correcte. Non pas que les lois ne doivent pas être respectées — comme elles ne le sont souvent pas ; non pas qu'un compositeur puisse violer la nature et faire ce qu'il veut. Il lui faut, comme autrefois, justifier par la raison toutes les dissonances nées de ses aventures mélodiques. Il devrait se souvenir de Bach, dont les mélodies s'entrechoquent avec une stridence inoubliable, déclenchant des éclairs d'une étrange beauté qui ne peuvent provenir que d'une guerre de thèmes.

La symphonie est donc un arrangement de rythmes, de mélodies et d'harmonies. Chacun de ces trois éléments a une vie propre, les rythmes pris dans leur ensemble ont leur cohérence, les mélodies la leur, les harmonies la leur, mais chacun appartient au tout. Le rythme de « Pour Annie » de Poe serait un rythme impossible avec lequel poursuivre les objectifs de n'importe quelle partie de « L'Anneau et le Livre ». Les rythmes de la Symphonie « Inachevée » de Schubert seraient tout aussi inutiles pour poursuivre les objectifs de la Neuvième de Beethoven. La structure entière du poème de Poe se désintégrerait si un seul mot tombait à sa place ; il en serait de même pour la structure d'une mélodie de Schubert si une note était détruite.

Dans toutes les directions, partout où nous regardons, cette cohésion de tous les objets en eux-mêmes, cette fusion de tous les objets en un corps plus grand, se révèle. C'est la base de toute croyance religieuse, d'un roman, de la composition d'un tableau ou de la vie elle-même. Dire qu'une symphonie est composée d'éléments séparés, que chacun de ces éléments a sa propre vie et qu'ils s'unissent tous dans un but commun, c'est énoncer un truisme. Et supposer qu'une symphonie puisse être comprise sans en comprendre tous les éléments, c'est supposer une absurdité.

IV. COULEUR ET DESIGN

Tel a été le développement des éléments de la musique symphonique. Les processus que j'ai décrits sont les processus naturels d'un art qui recherche continuellement une expression plus large et plus profonde. Et, humainement parlant, il n'est pas exagéré de dire qu'en nous-mêmes devrait se produire une analogie complète avec ce développement et ces processus. La connexion entre nous et les sons peut évoluer depuis l'inconscience complète de leur signification (même si nous entendons clairement tous les sons) jusqu'à cet état dans lequel ils enflamment nos âmes, et il passe entre l'imagination du compositeur et notre posséder cette étincelle de feu éternel qui illumine tout notre être. Car en dernière analyse, ce n'est pas tant la musique qui se communique que l'âme du compositeur qui nous parvient à travers le temps. Celui qui crée la beauté est immortel.

N'est-ce pas ce que nous recherchons ? N'est-ce pas là l'objet de toute beauté partout ? Ne nous essaie-t-il pas toujours de voir si nous sommes en phase ? – comme d'ailleurs tout le reste l'est : le travail, l'amour, les objets, la connaissance, la religion – tout cela attend notre réponse.

Mais je ne dois pas abandonner cette partie de mon sujet sans exposer la relation entre ces éléments de la musique symphonique et les instruments orchestraux au moyen desquels ils trouvent leur expression. Je ne souhaite pas tenter ici de rendre compte de l'orchestration en tant que telle, mais plutôt de souligner que dans la musique symphonique, c'est par la qualité du ton que l'essence d'une idée est véhiculée. Le ton de l'instrument est comme l'inflexion de la voix lorsque l'on parle, dans laquelle la vérité est transmise même si vous dites un mensonge. Un serment pourrait être une prière sans l'inflexion.

Le pianoforte ou le violon, ou tout autre instrument isolé, n'a que peu de variété de sons ; l'orchestre, en revanche, compte non seulement quatre groupes d'instruments distincts, chaque groupe ayant sa propre qualité sonore, mais au sein de deux de ces groupes [11] il existe des différences considérables dans ce qu'on appelle la « couleur sonore ». Il n'est pas très important de savoir que le solo du début du mouvement lent de la symphonie de César Franck est joué sur un cor anglais, mais il est important de ressentir la qualité du son et de se rendre compte à quel point l'effet de le thème en dépend. Pour une raison obscure, de nombreuses personnes restent insensibles aux qualités de la couleur. (Peut-être ont-ils reçu leur éducation musicale au pianoforte qui, sous des mains malhabiles, ne diffère que par le fort et le doux.) On voit si rarement un auditeur même amusé par les pitreries des contrebasses de Beethoven, et pourtant, dans au moins quatre des ses symphonies, leur comportement est parfois extrêmement ridicule. Celui dont l'humour va du sourire le plus délicat et ironique au rire terrible et tragique, où la joie et le chagrin se rencontrent, comme ils doivent se rencontrer lorsque l'un ou l'autre pousse loin, il obtient ces effets remarquables en grande partie grâce à la qualité du ton. des instruments. Dans sa Cinquième Symphonie, il crée l'effet le plus excitant au moyen d'une ou plusieurs partitions de notes réitérées dans les tons doux et sourds de la timbale. Dans le finale de la Première Symphonie de Brahms, c'est le son du cor d'harmonie, puis de la flûte, qui crée pour nous des illusions de beauté si profondes qu'elles transpercent notre âme. Du fond de l'orchestre, le cor chante son chant ennobli ; puis suit la douce sarbacane de la flûte chantant le même thème magique. Ces tons variés se succédant ou se fondant les uns dans les autres, ce sont les couleurs qui animent et embellissent les formes dans lesquelles tombent les pensées. Quel délicat filigrane d'absurdités les violons dessinent dans le mouvement lent de la Cinquième Symphonie de Beethoven ; comme le basson est sépulcral avec sa tristesse moqueuse ; quelle qualité vibrante les violoncelles et les contrebasses donnent à la grande mélodie du finale de la Neuvième ; avec quelle émotion la clarinette exprime le sentiment du deuxième thème du mouvement lent de la Troisième Symphonie de Brahms. Comme l'application de toutes ces teintes variées au design est luxueuse et vivante.

Une belle voix chantée a peut-être la plus belle de toutes les couleurs sonores, mais la sensibilité de beaucoup de gens semble se limiter à cela seul. En fait, l'amour du chant n'est, dans de nombreux cas, qu'un frisson sentimental sans rapport avec aucun processus intellectuel et totalement dépourvu d'imagination. Dans l'orchestre, le ton de l'instrument est au thème lui-même ce que la couleur est à la rose. Bien entendu, c'est bien plus que cela, car il est à tout moment à la fois rétrospectif et prospectif ; *cette* couleur de ton est une nuance plus foncée ou plus claire de *celle-ci* , ou, peut-être, une toute autre teinte. Les couleurs changent d'instant en instant, toujours dans le cadre du design plutôt que comme une simple couleur.

En prenant tout cela ensemble – rythme, mesure, mélodie, harmonie et couleur tonale – cette substance d'une symphonie est une chose merveilleuse. Rien d'aussi délicatement organisé n'a jamais été créé par l'esprit et l'imagination de l'homme. Avec un jeu de pièces presque égal à celui d'une machine finement réglée, il semble aller là où il veut, indépendamment de tout sauf d'un caprice. Comme elle exprime merveilleusement à la fois les actions et les rêves des êtres humains ; à quel point cela est-il vrai pour leur conscience plus profonde – une conscience qui sonde vaguement à la fois la vie et la mort ; qui se sait venu d'à travers les âges et se sent faire partie des âges à venir. Il est tout aussi probable que la vie soit un bref moment d'ombre dans une lumière sans fin, ou qu'elle soit « un trébuchement rapide et clignotant sur un éclair de soleil ».

NOTES DE BAS DE PAGE :

[9] J'ai exposé dans le premier chapitre quelle justification il y a à utiliser le mot « intellectuel » à propos de la musique, et je parle ici de pensée dans ce sens.

[10] Comme exemples de mélodies aux rythmes finement ajustés, je peux citer le thème du mouvement lent de la sonate pour pianoforte de Beethoven, opus 13, et celui du mouvement lent du quatuor pour pianoforte de Brahms, opus 60.

[11] Dans le groupe des « bois-vents », ainsi appelé, on trouve les flûtes, hautbois, clarinettes, bassons, cor anglais, etc. ; dans les cuivres, il y a des trompettes, des cors, des trombones, des tubas, etc.

CHAPITRE VII
LA SYMPHONIE (*suite*)

I. L'UNITÉ DE LA SYMPHONIE

Pour l'auditeur ordinaire d'une symphonie, la grande difficulté consiste à « lui donner un sens » dans son ensemble. Il apprécie certains thèmes et est peut-être capable de suivre leurs errances sournoises, mais il ne conserve aucune impression globale de la symphonie comme un tout, et il peut même ne jamais la concevoir comme autre chose qu'une série de passages musicaux intéressants ou inintéressants. . Or, il est évident qu'un art du son pur, pour avoir une quelconque signification, doit avoir une cohérence complète *en lui-même* , et que plus les sons durent, plus cette cohérence devient nécessaire. C'est bien sûr le problème de toute musique. Même l'opéra doit avoir une certaine cohérence musicale, car il ne peut dépendre entièrement de sa cohésion par le texte et l'action ; même la chanson doit avoir un sens musical en plus du sens (par hasard) qu'il y a dans les paroles. Donnez le titre brillant, romantique, voire précis que vous voulez à un morceau de musique à programme, appelez-le « Les Hébrides » ou « Mort et Transfiguration », ou descendez à un titre tel que « Une simple confession » - vous faut quand même donner à votre musique une cohérence en elle-même. En fait, les titres des morceaux de musique à programme ne diminuent en rien les responsabilités du compositeur, et il n'existe pas de beau morceau de musique de ce type qui n'obéisse aux lois générales de la forme appliquées à la musique. Le titre n'est après tout qu'une suggestion, une indication, une atmosphère. Le « Fermier heureux » de Schumann est tout simplement joyeux ; ce n'est même pas bucolique, et on cherche en vain le fermier ; « Träumerei » est rendu rythmiquement vague afin de créer l'illusion de la rêverie, mais possède néanmoins une cohérence musicale complète ; « Tod und Verklärung » de Strauss ne contient aucune preuve d'un sacrifice de sa forme à son soi-disant « sujet », et le *leit-motiv wagnérien* est suggestif et non didactique.

Le développement de la forme dans la symphonie est un sujet trop vaste pour être traité ici, mais il y a certains aspects fondamentaux sur lesquels je peux m'attarder en toute sécurité, car ils obéissent à des lois qui s'appliquent partout. Pour bien comprendre ce que je veux dire, disons qu'un art dont la qualité fondamentale est le mouvement doit avoir pour problème la disposition dans un certain laps de temps d'un certain groupe de thèmes ou de mélodies. La différence entre cet art et celui de la peinture est qu'en musique la question est « Quand ? dans la peinture « Où ? En ce sens, la littérature est plus proche de la musique que la peinture, et je soulignerai bientôt quelques analogies entre les formes littéraires et musicales. J'ai énoncé dans le premier chapitre le principe synthétique fondamental de la musique, selon lequel aucune série de sons formés en mélodie ne peut survivre longtemps à la substitution d'autres séries, à moins qu'on ne lui apporte une reformulation, ou, du moins, un rappel de l'origine de la musique. d'abord. Il n'existe aucune forme musicale qui ne rende hommage directement ou indirectement à ce principe. Et ceci, très modifié par le langage, s'applique également à la littérature. La plupart des romans contiennent vers la fin un « regard en arrière sur les routes parcourues » ; une trop grande digression par rapport à une thèse quelconque nécessite une certaine reformulation de celle-ci. La première apparition de Sandra Belloni est annoncée par son chant dans la forêt près de la maison de campagne des Polonais. L'épilogue de « Vittoria » se termine par la scène dans la cathédrale : « Carlo Merthyr Ammiani, debout entre Merthyr et elle, avec les mains du vieil aveugle Agostino sur la tête. Et puis une fois de plus, et pour une fois, sa voix a été entendue à Milan. Les personnages et motivations non essentiels de Sandra Belloni disparaissent dans « Vittoria » – Mrs. Chump, essai infructueux dans Dickens, trouve un oubli mérité ; il en va de même pour les « Nice Feelings » et les « Fine Shades » ; mais la présence de Merthyr dans la cathédrale est aussi nécessaire à cette situation que l'absence de Wilfred. « Guerre et Paix » serait une masse incohérente de personnes, de scènes et d'événements, sans certaines rétrospectives ici et là qui maintiennent la masse entière ensemble. « L'Idiot » en est une illustration frappante, car le début de la carrière de Mishkin n'apparaît que dans le sixième chapitre, comme pour mieux surmonter l'immensité du projet ; et le dernier chapitre ramène de la manière la plus vivante les expériences de son enfance. Le sonnet est l'exemple le plus concis de ce processus, et je n'ai pas besoin de m'étendre sur la précision avec laquelle il l'illustre.

Il existe cependant une grande différence entre la musique et la littérature, c'est le nombre de ses sujets ou de ses personnages. « Guerre et Paix », pour prendre un exemple extrême, contient des dizaines de personnages, alors qu'une symphonie entière ne contient généralement pas plus de douze ou quatorze thèmes. La principale raison en est que les thèmes n'ont pas de loi d'association établie et ne représentent donc pas quelque chose d'autre avec lequel nous sommes déjà familiers comme le font les noms de personnes dans les livres. Nous nous souvenons des noms de personnages tels que Joseph Andrews ou Tom Jones, ou même du Dr Portsoaken, car, même s'ils ont vécu il y a longtemps, nous avons suffisamment d'associations de mots pour contenir leurs noms et nous pouvons les comprendre et suivre les cours sournois. de leurs aventures et de la philosophie de vie qu'ils représentent. (L'absence de cette association rend difficile la mémorisation des personnages des romans russes.) Cependant, lorsque nous entendons un thème musical, nous devons nous en souvenir comme tel.

J'ai souvent énoncé le fait assez évident que la musique obéit à des lois esthétiques générales, et ce qui précède a pour but de montrer comment ces lois sont modifiées par les propriétés particulières du son. Une symphonie dans ce sens est donc un arrangement cohérent de thèmes. Cela m'amène à la question importante du détachement ou de l'unification des différents mouvements d'une symphonie. Une symphonie est-elle une ou quatre choses ? Devrions-nous l'écouter dans son ensemble, ou comme des morceaux distincts et contrastés, enchaînés pour plus de commodité ? La réponse conventionnelle à ces questions – la réponse donnée par les manuels – est que quelques symphonies transfèrent des thèmes d'un mouvement à un autre, mais que, d'une manière générale, une symphonie est un recueil de quatre morceaux distincts contrastés en vitesse et en sentiment, etc. Je voudrais maintenant combattre cette théorie aussi vigoureusement que possible, et je voudrais m'appuyer uniquement sur des lois esthétiques générales et dire qu'aucune grande œuvre d'art ne pourrait, en aucun cas, être basée sur un plan aussi hétérogène. Ou bien je pourrais fonder mon opinion sur la psychologie et dire que, puisqu'il y a quatre mouvements différents, différents dans leurs caractéristiques générales et particulières, l'un contenant des thèmes qui évoluent à mesure qu'ils progressent, produisant l'effet d'une lutte vers un but, un autre adapté aux états. de sentiment, un autre pour une action concise et vivante, et ainsi de suite, et puisque l'esprit d'un grand homme est un microcosme du monde et contient tout, il s'ensuit, bien entendu, qu'il essaie de fusionner sa symphonie dans l'un en remplissant ses différentes parties avec les divers éléments de lui-même, un processus qui se poursuit depuis qu'il y a de la musique. Le compositeur n'est pas composé de quatre hommes et son esprit n'est pas divisé en compartiments. Une symphonie différera d'une autre parce qu'elle représentera une étape différente de son développement, mais toute symphonie - à moins qu'elle ne soit arbitrairement disjointe - exprimera les différentes phases de la nature de son compositeur à ce moment-là et aura un organisme interne correspondant. C'est une preuve suffisante du bien-fondé de cette vision dans les grandes symphonies elles-mêmes. Je ne peux pas le préciser ici, mais tout lecteur ayant accès aux symphonies de Mozart, Beethoven, Brahms ou à celle de César Franck peut enquêter par lui-même. Permettez-moi simplement de signaler quelques exemples que je choisis parmi des symphonies célèbres et familières. Dans le dernier mouvement du do majeur de Mozart (communément appelé « Jupiter »), il y a une figure rapide dans les basses aux mesures neuf et dix qui est dérivée du début du premier mouvement. Le thème du dernier mouvement est tiré du passage des mesures trois et quatre du premier mouvement (en est une autre version). Dans « Eroica » de Beethoven, le premier thème du dernier mouvement est directement tiré du premier thème du premier mouvement. Le thème de la section en do majeur de la « Marche Funèbre » est le thème de la première section en apothéose, et chacun doit une dette au premier thème du premier mouvement. Les illustrations de ce principe pourraient être multipliées presque à l'infini, et il n'est pas exagéré de dire qu'il y a dans toute grande musique cette cohérence intérieure. En d'autres termes, la forme en musique n'est pas simplement une sorte de cadre ou, si l'on veut, une loi ou un précédent, mais l'expression d'une force intérieure.

Des thèmes n'ayant aucune relation organique sont bien entendu introduits dans les mouvements symphoniques pour le jeu d'action les uns contre les autres qui résulte de leur antagonisme. Le roman dépend en grande partie du même élément. Sans Blifil, il n'aurait guère pu y avoir de Tom Jones. Sandra Belloni doit avoir M. Périclès comme repoussoir à son caractère plus raffiné qui s'élève au-dessus de la prima donna, et elle a besoin de Wilfred et Merthyr pour atteindre Carlo. Bref, le mouvement symphonique n'est pas sans rappeler le roman qui repose sur la juxtaposition de personnages ou d'éléments contrastés ou antagonistes, la lutte entre les deux et, enfin, leur réconciliation ; et une analogie suffisante pourrait être établie entre cela et la vie elle-même pour illustrer le principe comme étant cardinal. Mais je crois que la symphonie est toujours en évolution. Je ne vois aucune raison pour laquelle il ne devrait pas continuer à se développer de l'intérieur et atteindre finalement une cohérence intérieure encore plus grande que celle déjà atteinte. Cela ne se fera certainement pas par une extension de sa forme extérieure ou par un élargissement de ses ressources – comme c'est le cas pour de nombreuses symphonies modernes. [12] Bref, le compositeur est un artiste comme les autres ; il traite des émotions et des aspirations humaines comme le sont d'autres artistes ; il est soumis aux mêmes lois ; lui aussi dresse un tableau fidèle de la vie humaine dans une vraie perspective, avec tous les ajustements de scène, de personnes, de motifs, soigneusement élaborés – même s'il ne s'occupe que du son. Il est presque incroyable que quiconque puisse supposer le contraire ; la vraie difficulté est de faire supposer quoi que ce soit à la personne ordinaire ! Je dis donc que la symphonie est un miroir de la vie, et que toutes les grandes symphonies prises ensemble sont comme un livre de vie dans lequel tout est fidèlement exposé dans ses proportions et son équilibre.

J'ai dit que la symphonie contient tout et qu'elle laisse place au désordre. C'est son but ultime. Le secret de sa puissance réside là. La vie elle-même est une chose inexplicable. La grande symphonie le compresse en une heure de perfection dans laquelle tous ses éléments s'expliquent. Ici, le rêve de l'homme, qu'il appelle « ciel » ou « bonheur », et qu'il a toujours cherché en vain, devient non seulement une réalité, mais la seule réalité possible pour lui. Car rien ne serait plus terrible qu'un bonheur sans fin ou un paradis localisé.

II. ÉTAPES DE SON DÉVELOPPEMENT

L'histoire de la symphonie est l'histoire de tout l'art. Il se déplace par cycles ; cela marque une parabole. Cela a commencé comme une expression naïve de sentiments ; il a appris peu à peu à maîtriser son propre matériel de travail, et à mesure qu'il le maîtrisait, il est devenu de plus en plus conscient de ses efforts ; dès que de nouveaux instruments pour le produire furent mis au point, il élargit aussitôt son style pour correspondre aux nouvelles possibilités ; dans la mesure où sa technique le permettait, elle cherchait continuellement à saisir de plus en plus les éléments de la vie humaine et des aspirations humaines et à les exprimer. Chez Haydn, nous le voyons comme une musique naïve, folk, mélodieuse, peu imaginative, qui sent le sol – comme Burns, mais sans son profond sentiment humain. Chez Mozart, il atteint un degré de perfection classique qui peut être comparé aux peintures de Raphaël. À peine une touche de pittoresque, de romantique ou de réaliste gâche sa beauté sereine ; il sourit à tous ; ce n'est pas pour vous ou pour moi, comme Schumann, mais pour tout le monde. Et étant purement objectif, il n'appartient à aucune époque et dure éternellement. Et comme les digressions de Mozart sont délicieuses. Il est comme Fielding qui, lorsqu'il veut philosopher sur son histoire, écrit tout un chapitre pendant lequel l'action attend le plaisir du philosophe. Les écrivains ultérieurs n'abandonnent jamais l'argument un instant ; s'il y a une accalmie dans l'action, elle est en quelque sorte maintenue en relation complète avec le sujet. Mozart vous égaie souvent avec une histoire en passant, mais il parvient toujours à préserver la continuité de son matériau. La différence entre sa méthode et celle de Brahms, par exemple, est semblable à celle entre les intermèdes philosophiques de Fielding dans « Tom Jones » et « Notre Philosophe » de Meredith, qui, regardant d'une hauteur impersonnelle les personnages de l'histoire, interrompt son discours. Commentaire olympien.

Une force nouvelle et formidable est entrée dans la musique à travers Beethoven, nouvelle pour la musique, ancienne comme la race humaine : l'esprit de révolte. Le monde est toujours le même. Dans ses principes fondamentaux, la vie humaine, dans notre rétrospection historique, reste ce qu'elle était. Un art prend ce qu'il peut maîtriser – et pas plus. La musique était prête ; le monde était en ébullition à ce moment précis, et le résultat fut ce que nous appelons « Beethoven ». Mozart fut son aurore, Schumann et les autres romantiques son crépuscule mystérieux et beau. Lui-même représente à la fois l'esprit de révolution, cette curiosité inévitable qu'une telle époque suscite toujours, et cette philosophie spéculative qui tente de reconstituer le sens des choses nouvelles. Le monde était plein de flammes ; la bataille tonnait à quelques kilomètres seulement de Vienne ; l'esprit d'égalité et de fraternité flottait dans l'air. La vision perçante de Beethoven englobait tout cela. Il sonnait le triomphe de l'âme de l'homme, comme dans le grand thème de la conclusion de la Neuvième Symphonie ; il a pris le plus simple des airs communs et l'a rendu glorieux – comme à la fin de la Sonate « Waldstein » ; son imagination s'étendait à volonté sur les hommes aux prises avec la mort, sur les dieux regardant sardoniquement le spectacle. Il était le grand protagoniste de la démocratie, mais il était aussi un grand esprit constructif. Il n'a jamais rien détruit dans la musique pour lequel il n'avait pas de meilleur substitut, et il n'y a pratiquement aucune note dans ses compositions matures qui ne soit figée dans la nature.

Cette grande force s'étant épuisée, l'art se détourne et part dans une autre direction – comme il le faut. La symphonie lyrique de Schubert apparaît. C'était la chanson la plus parfaite qui ait jamais demandé l'expression de l'orchestre. Avec peu de puissance intellectuelle et peu d'éducation, Schubert, par la profondeur même de son instinct, crée une beauté si pure qu'elle fait paraître l'intellectualisme presque pédant. Il enchaîne mélodie après mélodie dans « un art abondant et non médité ». Il était le pendant de Beethoven, et assez souvent, en écoutant la musique de Schubert, on perçoit l'écho de son grand contemporain. Vient ensuite ce qu'on appelle « l'école romantique » de Schumann avec ses qualités tendres et personnelles, son glamour, ses teintes rosées. Comme tout autre énoncé romantique, il avait une certaine étrangeté, un certain détachement de la réalité et une certaine égarement qui lui donnent une saveur douce-amère qui lui est propre. Comme toute autre expression romantique, elle était impatiente et refusait d'attendre la rotation trop lente des aiguilles de l'horloge ; c'est la musique de la jeunesse et de l'espoir. Son effet sur le développement de la symphonie fut léger. Il était mal à l'aise dans les grands espaces de la forme symphonique, car ses teintes étaient trop changeantes, ses ambiances trop changeantes pour répondre aux besoins de la symphonie. Entre Schubert et Brahms, aucun grand compositeur symphonique n'apparaît, mais à cette époque, le riche langage de l'école romantique était devenu assimilé comme partie intégrante du langage musical.

Brahms utilisant quelque chose de ce langage romantique, mais ayant un sens large de la construction et fermement ancré sur cet élément stable du style, le contrepoint, a produit quatre symphonies dignes de se tenir aux côtés des meilleures. Leur style est sobre, car Brahms a quelque chose de cette impersonnalité qui est nécessaire à la musique comme aux autres formes d'art (et on peut dire, en passant, que le plus grand de tous les compositeurs, Bach, est le plus impersonnel). La flexibilité du langage musical s'est rapidement accrue au cours du XIXe siècle, avec l'aide de Wagner et des romantiques, et chez Brahms, la symphonie devient moins didactique et plus introspective. Je pourrais peut-être faire la comparaison entre une musique comme la sienne et cette étape ultérieure du roman anglais où l'auteur désire que l'action apparaisse uniquement comme le résultat de la psychologie des personnages et où, aussi, les mots sont faits pour répondre à de nouveaux demandes et servir de nouveaux objectifs. Brahms n'aurait pas pu dire ce qu'il a dit s'il s'était limité au style de Mozart ; Meredith ne le pourrait pas non plus s'il avait été limité au style de Thackeray. Les symphonies de Brahms, en raison de la nature complexe de son style, ne sont pas faciles à appréhender pour l'auditeur occasionnel. Qu'un amoureux confirmé de Longfellow, voire de Tennyson, se lance pour la première fois dans "Love in the Valley" et il vivra la même expérience. Chaque mot lui transmettra son sens habituel, mais la beauté exquise du poème lui échappera. Il reviendra à « My Lost Youth » ou à « Blow, Bugles, Blow » pour guérir de ses bleus. N'importe lequel de mes lecteurs ayant accès à la Première Symphonie de Brahms devrait examiner le passage qui commence vingt mesures avant le *poco sostenuto* vers la fin du premier mouvement s'il souhaite comprendre quelque chose des pouvoirs de Brahms à recréer son matériel. Voici une mélodie d'une grande beauté qui est dérivée de la phrase d'ouverture de la symphonie, et qui a une basse dérivée du premier thème du premier mouvement. Tel qu'il semblait à l'origine, c'était plein de stress, comme si nous aspirions à un accomplissement impossible. Ici, sa destinée est enfin atteinte et la loi de son accomplissement. La musique progresse d'un moment à un autre.

Contemporain de Brahms, Tchaïkovski révèle combien les sources de l'expression musicale sont variées. Il n'y a pas deux grands hommes plus éloignés que ceux-ci : l'un est éclectique, calme, réfléchi et impersonnel, retenant ses propos afin de minimiser et d'être cru ; l'autre versant la dernière goutte amère de son malheur et de son insatisfaction, sans se soucier d'un monde qui se méfie de l'exagération et n'a qu'une capacité limitée de réaction face à une passion colossale. La sincérité de Tchaïkovski ne fait aucun doute. Il le croyait ainsi ; la vie était pour lui ce qu'on entend dans ses symphonies. Mais la vie n'est pas comme ça. Si tel était le cas, nous aurions tous été détruits depuis longtemps par nos propres feux intérieurs incontrôlables. Ainsi, au-delà de toute considération technique – et il n'a rien apporté d'important au développement de la symphonie – Tchaïkovski représente une phase de la vie plutôt que la vie elle-même. La Symphonie « Nouveau Monde » de Dvořák ajoute un élément nouveau et intéressant à l'évolution symphonique. Dvořák était comme Haydn et Burns, un fils du peuple, et les thèmes qu'il emploie dans cette symphonie sont essentiellement des mélodies folkloriques. Mais là où Haydn se contente de raconter sa simple histoire sans se rendre compte de son éventuel lien avec la vie en général, Dvořák voit tous ses thèmes dans leur signification la plus profonde. La Symphonie du « Nouveau Monde » est une saga racontée.

Une nouvelle phase dans le développement de la symphonie apparaît chez César Franck, dont la lignée musicale s'étend sur toute la gamme du développement symphonique et au-delà. Son esprit est médiéval. Dans cette symphonie unique, le rythme joue un rôle moindre, et on sent que la musique est tout à fait éloignée du mouvement vif de la vie et vit dans un royaume qui lui est propre. Franck faisait partie de ces rares esprits qui restent intacts du monde. Sa symphonie est une aventure spirituelle ; d'autres symphonies sont pleines d'actions et de réactions du monde réel dans lequel vivaient leurs compositeurs. Cette action et cette réaction dépendent toujours, pour leur expression musicale, du jeu et de l'interaction des figures rythmiques. La symphonie de Franck plane sur le monde de l'esprit ; ses thèmes les moins réussis sont ceux basés sur l'action.

III. LA MUSIQUE DE CHAMBRE COMME INTRODUCTION AUX SYMPHONIES

Mon objectif en écrivant tout cela sur la forme et le fond de la symphonie, et en établissant des comparaisons entre elle et le roman ou la poésie, n'a pas été d'amener mes lecteurs à comprendre la musique à travers les autres arts, car *en elles-mêmes* de telles comparaisons sont de peu d'importance. valeur. J'ai insisté sur ces caractéristiques communes des arts parce qu'elles existent, parce qu'elles s'éclairent les unes les autres, et en même temps parce qu'elles sont trop peu considérées. La seule manière de comprendre la musique est de la pratiquer ou, à défaut, de l'entendre dans des conditions qui permettent une certaine réflexion. Nous sommes incapables de comprendre la musique symphonique principalement parce que nous avons si peu de pratique dans ce domaine. Un concert symphonique occasionnel ne suffit pas. Comment surmonter cette difficulté ? Il existe une issue naturelle : elle consiste dans ce qu'on appelle la « musique de chambre ». Un morceau de musique de chambre est une sorte de symphonie domestique. Un quatuor à cordes, une sonate pour piano ou violon, un trio, un quatuor, un quintette, etc., ce sont toutes de petites symphonies ; la forme est presque identique, les mêmes dispositifs de rythme, de mélodie, d'harmonie, de contrepoint, etc., sont employés. Dans la musique de chambre, le manque d'idées ne peut être masqué par le luxe de la couleur sonore ; tout est exposé ; de sorte que seuls les plus grands compositeurs ont écrit de la belle musique sous cette forme. Maintenant, si dans chaque communauté il y avait des groupes de personnes qui jouaient ensemble de la musique de chambre, et si ceux-ci permettaient à leurs amis d'être présents lorsqu'ils répètent, la symphonie trouverait bientôt de nombreux auditeurs. De telles répétitions donneraient l'occasion d'entendre encore et encore des passages difficiles ; il y aurait du temps pour discuter et surtout pour réfléchir. Chaque ville et village devrait avoir une organisation locale de musique de chambre donnant occasionnellement des concerts informels. Dans ces circonstances, une intimité sympathique s'établirait bientôt entre les interprètes et les auditeurs et la musique elle-même. L'inévitable et aveugle leçon de pianoforte est un obstacle à cet arrangement tant désiré. Certains de nos enfants devraient apprendre le violon ou le violoncelle de préférence au pianoforte. Le cercle familial pourrait alors entendre des sonates pour violon et piano de Bach, Mozart, Beethoven ou Brahms et accomplir ce que des années de fréquentation de concerts symphoniques n'auraient pu réaliser. La musique de chambre a le grand avantage d'être simple dans les détails ; on peut facilement suivre les quatre brins de la mélodie dans un quatuor à cordes, tandis que l'orchestre laisse essoufflé et confus. La pratique de la musique de chambre par des amateurs serait l'un des meilleurs moyens de développer un véritable goût musical. Je ne saurais trop insister sur le fait que la majorité de ceux qui n'aiment pas une telle musique apprendraient bientôt à s'en soucier s'ils avaient l'occasion de l'écouter dans les conditions que j'ai décrites. L'argument fait ses preuves, sans les témoignages – assez nombreux – des individus qui ont vécu l'expérience. De plus, en cultivant la musique de cette manière, nous devrions progressivement briser certaines des conditions sociales qui jouent aujourd'hui contre cet art. Si nous en savions tous davantage et l'aimions pour lui-même, nous abandonnerions notre adulation actuelle pour la technique. Nous devrions placer l'interprète à sa place en tant qu'interprète des idées d'un homme plus grand. Par nos adulations non critiques, nous le plaçons sur un piédestal beaucoup trop élevé.

IV. L'INTERPERTEUR ET LE PUBLIC

J'ai parlé de certaines conditions sociales qui affectent défavorablement la musique. Il y a toujours eu un certain tollé contre la musique en raison de sa prétendue émotivité. L'œil de l'intelligence froide, voyant le mélomane captivé par une symphonie, lève les paupières avec un mépris glacial pour une telle créature de sentiment. Le sociologue, observant les artistes musicaux, se demande pourquoi la musique semble affecter si défavorablement l'apparence et le comportement de certains d'entre eux. Le pédagogue, qui a sa formule pédagogique correcte, qui fonctionne comme une machine à additionner, et produit automatiquement un certain nombre d'enfants instruits mécaniquement, chacun avec un diplôme serré dans une main nerveuse, il tolère la musique parce qu'elle fait une agréable pause dans le diplôme. -donner au moment de la remise des diplômes et parce que cela plaît aux parents. L'homme d'affaires laisse la musique à sa femme et à ses filles et accepte de s'abonner à un orchestre symphonique à condition de ne pas avoir à se déplacer pour l'entendre jouer. Or, si le sociologue se mettait à la place du chanteur, qui, doté par nature d'une belle voix, est capable, grâce à un public indifféremment instruit en musique, de s'attirer des applaudissements et une source d'argent indue, même si il n'a jamais fait d'éducation, quelle qu'elle soit – si le sociologue réfléchissait un peu *à la sociologie*, il comprendrait peut-être enfin qu'il est très probablement lui-même en faute. Car il est fort probable qu'il ne connaisse presque rien de cet art qui est l'une des plus grandes forces dont il dispose. Il fait peut-être partie des nombreuses personnes qui font des conditions musicales ce qu'elles sont. Les artistes publics sont les victimes et non les criminels. Nous devons nous rappeler autrefois à quel point l'isolement d'une catégorie de travailleurs par rapport à leurs camarades a été désastreux.

J'ai fait référence dans ce chapitre et dans les chapitres précédents à certaines unités de la musique symphonique — dans ses divers éléments de rythme, de mélodie et d'harmonie, et dans l'ensemble. J'ai dit que chaque objet est unifié en lui-même et qu'il fait partie d'un tout plus vaste. En ce sens, une symphonie est une chose vivante ; chaque membre a sa propre fonction et apporte une partie nécessaire au tout. Mais n'est-ce pas également vrai si nous appliquons l'argument dans la vie elle-même et disons : Voici une chose de beauté créée par l'homme ; c'est une partie de lui, une de ses lueurs d'étoile ; peut-il être complet s'il le perd complètement ? Son esprit peut-il espérer la liberté s'il dépend uniquement de son esprit ? La satisfaction de la réussite intellectuelle ou matérielle est-elle suffisante ? Ne trouverait-il pas dans la musique un domaine où il respirerait un air plus pur et serait plus heureux parce qu'il laisserait derrière lui toutes ces questions sans réponse qui stoppent à jamais son intelligence ? L'idéalisme moral ne suffit pas à l'esprit des hommes et des femmes, car, l'humanité étant ce qu'elle est, la moralité est vouée à se cristalliser en dogme. Les puritains étaient moraux à leur manière, mais ils étaient aussi éloignés de ce que devrait être la vie de l'homme – sous les étoiles et avec les fleurs qui fleurissent à ses pieds – que l'étaient les courtisans gais qu'ils méprisaient. L'idéalisme intellectuel ne suffit pas, car il manque de sympathie. Nous avons tous besoin de quelque chose qui soit entièrement détaché de la vie et, en même temps, qui lui soit totalement fidèle. Notre esprit a besoin d'une certaine joie que les objets, les idées ou les possessions ne peuvent lui donner. Nous devons avoir un monde au-delà de celui que nous connaissons – un monde non pas de jaspe et de diamants, mais de rêves et de visions. Cela doit être une illusion pour nos sens, une réalité pour notre esprit. Il doit dire la vérité dans des termes que nous ne pouvons pas comprendre, car il ne nous est pas donné de le savoir autrement.

NOTE DE BAS DE PAGE:

[12] La raison en est une à laquelle j'ai fait référence dans le chapitre sur « L'Opéra » : à savoir qu'une œuvre d'art ne doit pas surcharger les capacités des êtres humains auxquels elle est destinée.

CHAPITRE VIII
CONCLUSION

L'une des conditions les plus malheureuses qui entourent notre vie musicale est la petite part que les hommes y prennent. Ce n'est pas entièrement de leur faute. Leur travail est captivant et il leur est difficile d'aller aux concerts. Il devrait y avoir de la musique pour l'homme d'affaires entre le moment où il quitte son bureau et l'heure de son dîner, et elle devrait être arrangée de manière à lui causer le minimum d'ennuis et lui procurer le maximum de plaisir. Cela signifie une demi-heure ou quarante minutes de bonne musique disponible, disons, à cinq heures, et pas trop loin. Cela signifie également qu'il lui sera fourni une répétition de chaque composition longue ou compliquée afin qu'il puisse avoir une chance de la comprendre. L'auditeur moyen entend une symphonie de Brahms une fois tous les deux ou trois ans, disons, et il y a peu de chances qu'il la trouve intelligible. Nul doute qu'avec le temps, cela se produira. Il ne fait aucun doute que les travailleurs des magasins et des bureaux pourront bientôt entendre un peu de très bonne musique à l'heure du déjeuner. [13] L'afflux d'hommes dans les salles de concert serait d'un grand bénéfice pour la cause de la musique, ainsi que pour les hommes eux-mêmes. Nous devrions, au bout d'un certain temps, nous débarrasser de cette curieuse idée anglo-saxonne selon laquelle l'art est efféminé, et commencer à l'apprécier pour ce qu'il est réellement. Chaque fois que je pense à cette idée erronée, la figure de Michel-Ange se dresse devant moi. Il y avait un homme aussi héroïque que même le monde de la guerre ait jamais produit ; capable à la fois de la tâche herculéenne des fresques Sixtine, dont le travail physique réel tuerait un homme ordinaire (et Michel-Ange avait alors plus de soixante ans), de l'héroïque Moïse, et encore de ce plus tendre et plus beau des toute sculpture, la Pietà ; une nature sévère et noble capable de se battre pour ses principes quel que soit le risque. Ou je pense à Beethoven, malade, solitaire, sourd et pauvre, mais créant néanmoins une musique virile comme celle que nous connaissons. Ou de Bach, robuste comme un chêne, sans reconnaissance du monde, élevant une famille nombreuse avec presque rien par an, sain, profond et vrai – l'égal dans tout ce qui fait d'un homme un « capitaine d'industrie ». », n'importe quel soldat ou n'importe quel homme d'État. Ce sont ceux avec lesquels je devrais associer les hommes. Je voudrais que les hommes écoutent les airs de ces compositeurs, regardent les œuvres de ce génie colossal de l'Italie et se demandent : l'art est-il efféminé ou suis-je aveugle et sourd ?

Mais on ne peut pas s'attendre à ce que les hommes, ayant relativement peu de loisirs, les gaspillent en musique sentimentale ou en simple virtuosité. Un violoniste qui joue de doux petits morceaux, ou qui étonne par sa maîtrise technique, ne doit s'attendre à aucune réponse de la part des êtres humains qui travaillent jour après jour et heure après heure face aux dures réalités de la vie. Les hommes, soumis à des lois exactes ou soumis aux nécessités du commerce et du troc, sont obligés de faire la distinction entre le vrai et le faux, entre la réalité et l'irréalité, car leur existence même en dépend . Je ne veux pas dire par là que ces expériences communes des hommes les rendent aptes à comprendre la grande musique, mais je pense que les hommes possèdent par là même un certain sens des valeurs et une certaine discrimination entre ce qui est réel et ce qui est faux, et qu'une grande partie du réel la musique y trouvera une réponse. Je crois que l'opéra a beaucoup à voir avec l'attitude de l'homme moyen envers la musique. Passer trois à quatre heures dans une salle d'opéra surchauffée et mal ventilée après une journée de travail et écouter le genre d'émotivité trépidante qui est courante dans l'opéra suffit à dégoûter l'homme d'affaires moyen de toute musique. Comme il est patient ! Mais Beethoven, qui a aimé et détesté, qui a souffert et triomphé, nous pouvons tous le comprendre. Quand on vient écouter par exemple le début de son concerto pour violon, il faut tous dire : Voici un homme. Et lorsque nous aurons parcouru l'ensemble de cette grande composition, nous apprendrons à dire : Voici *enfin la réalité devenue vraie* . Nous aurons alors appris une des grandes leçons que l'art enseigne, à savoir qu'il n'y a rien au monde d'aussi héroïque, d'aussi noble et d'aussi profond qui ne puisse être *augmenté* par l'imagination et l'habileté du grand artiste. Car aussi profonde que soit une émotion humaine ou aussi noble qu'un acte, elle devient plus profonde ou plus noble lorsqu'elle est considérée par rapport à l'ensemble de la vie et sur une période de temps. L'artiste lui donne une vraie perspective, et nous permet de le voir réellement. Dante le poète est plus grand que Dante l'amant.

Mais mon plaidoyer en faveur d'un accès facile à la musique pour les hommes repose principalement sur le fait qu'ils en ont besoin. Il est si facile pour les êtres humains – hommes ou femmes – de se laisser complètement submerger par les détails de la vie ; et le cycle des actes quotidiens et des associations quotidiennes engloutit, au fil du temps, complètement de nombreuses personnes, de sorte qu'ils n'aperçoivent que des aperçus de quelque chose au-delà – des aperçus d'une terre promise dans laquelle ils n'entrent jamais. Je peux concevoir presque n'importe quelle entreprise comme étant intéressante en soi ; le « jeu » de la vie a ses propres récompenses ; et il n'y a pas de métier, pas de profession, pas d'entreprise qui n'offre un jeu à l'imagination. Mais tout poids a besoin d'un contrepoids, et tout être humain dont l'occupation quotidienne est pleine de détails pratiques doit se sauver par une *force égale* dans la direction opposée. La loi est aussi vieille que la vie elle-même. La meilleure préparation à une formation d'ingénieur est un cours d'études classiques, et l'homme qui broie tout dans le moulin des affaires finit par se lancer lui-même dans la trémie.

Mais l'amour de la beauté est une chose secrète et inviolable. Notre tendance aujourd'hui est de chercher notre salut – quel qu'il soit – dans la foule. Nous formons des clubs littéraires et musicaux, des ligues de théâtre et des cercles artistiques pour accomplir ce que chacun devrait faire seul. C'est une vieille erreur humaine. Tenter d'être littéraire, artistique, socialiste ou religieux au moyen d'une organisation, c'est abandonner toute la question. Il n'y a qu'une seule façon d'être littéraire, c'est d'aimer la bonne littérature et de la lire en privé ; il n'y a qu'une seule façon de comprendre le drame, c'est de lire soi-même les grandes pièces depuis Eschyle et de voir autant de bonnes pièces que possible. Je sais qu'il est impossible d'entendre les symphonies de Beethoven sans quelques milliers d'autres personnes ; néanmoins, vous êtes vous-même seul et, par vous-même, vous devez résoudre le mystère. Jamais il ne peut y avoir d'isolement plus complet de l'individu que lorsque, assis avec la foule, commence un morceau de belle musique. Jamais votre propre individualité ne vous est aussi précieuse qu'alors. Ces sons arrivent directement à votre âme, séparant automatiquement toute la partie la plus divine de vous de la partie inférieure, distinguant ce qui est habituellement inarticulé et inchoatif, et attisant à nouveau cette étincelle étouffée qui ne meurt jamais complètement. Comme il est impossible de regarder des photos avec d'autres personnes. L'esprit et l'imagination exigent la liberté de vagabonder à volonté, de réfléchir, de spéculer. Ce qui passe du tableau à vous, et de vous au tableau, est une sorte de reconnaissance tremblante, trop délicate pour être partagée, trop intime pour être prononcée. Il en va de même pour les livres. Vous avez besoin de silence et de retraite pour ressentir la perspective de la connaissance, pour que votre esprit puisse vagabonder dans toutes les directions qui s'offrent à lui.

On a souvent remarqué qu'en Amérique, les femmes ont désormais à la fois le loisir et l'indépendance de poursuivre les arts et de satisfaire leur désir de ce qu'on appelle la « culture », et qu'à cet égard elles ont pris la place fréquemment occupée par les hommes. Mais l'élément le plus caractéristique de cette situation est qu'en quête d'avancement intellectuel ou artistique, la femme entre dans un club ! Ces clubs sont d'une très grande utilité pour les individus qui en font partie et pour les communautés dans lesquelles ils s'épanouissent lorsqu'ils entreprennent, comme ils le font fréquemment, l'amélioration des conditions sociales. Quiconque connaît ce qu'ils ont accompli dans ce domaine se doit de leur rendre un véritable hommage. Mais dans leur quête de « culture », ils ont eu moins de succès, et pour les raisons déjà évoquées ici. Ils poursuivent trop de sujets et dissipent leurs énergies. Mais surtout, ils semblent inconscients du principe fondamental de l'éducation qui est qu'on s'éduque vraiment soi-même. Car l'éducation, après tout, consiste dans l'élargissement progressif de ses propres perceptions au travers du contact avec des esprits plus grands, et ses processus sont secrets et intensément personnels. En lisant « L'Idiot », par exemple, vous associez Mishkin à Lohengrin, Parsifal, aux légendes arthuriennes ou même au Christ. Le récit extraordinaire de ses pensées alors qu'il tombait dans la crise d'épilepsie et son utilisation des mots « Et il n'y avait plus de temps » évoquent toute une séquence fascinante de spéculations psychologiques. Le personnage de Nastasya rappelle à votre mémoire des dizaines d'autres personnages, depuis Kundry jusqu'à Sonia, et, pendant que vous lisez, toute la chaîne et la trame de la vie, traversée de part en part de son côté terne et écarlate, défile devant vous. Or, ces contacts ne valent rien si quelqu'un d'autre les fait. L'étincelle doit jaillir dans votre propre imagination. Vous devez ressentir vous-même le courant de ce magnétisme qui s'étend de la terre aux étoiles et rend toutes choses semblables. Un bon livre doit être une provocation pour le lecteur. Un club de « culture » est un groupe d'êtres humains espérant chacun un salut indirect par l'intermédiaire de l'autre.

Les clubs de femmes non seulement gaspillent de l'énergie dans leur quête de connaissances, mais ils affaiblissent également la force intellectuelle de chaque femme. Rien ne pourrait être pire pour l'esprit que l'acceptation paisible du point de vue d'autrui sans résistance et sans mettre à l'épreuve ses propres pensées et sa propre personnalité. Des bribes de connaissances sont presque inutiles. Rien ne vous appartient jusqu'à ce que vous le fassiez ainsi.

La relation entre la musique et la vie est donc une relation intime et vitale. Toute personne, jeune ou vieille, qui ne chante pas et pour qui la musique n'a aucun sens, est d'autant plus pauvre dans tout ce qui rend la vie heureuse, joyeuse et significative. Toute communauté qui n'emploie aucune forme d'expression musicale est d'autant plus inarticulée et désorganisée en tant que communauté. Toute église qui achète sa musique et n'en produit jamais elle-même perd beaucoup en puissance spirituelle.

Nous avons tous besoin de musique parce que c'est une forme d'expression fluide, libre et belle pour nos pulsions les plus profondes qui ne peuvent être exprimées par les mots. Notre discours est trop spécialisé ; nous discriminons avec des mots plutôt qu'avec des inflexions et des gestes ; nous étouffons notre expressivité naturelle ; nous considérons les mots comme synonymes de pensée, alors que la pensée est à moitié sentiment, instinct et imagination, dont personne ne peut vraiment trouver de sujet en termes exacts. Toute la grande littérature est inexacte.

La musique nous libère. Non seulement cela permet à chacun de nous de dire pour lui-même ce qu'il ne peut pas dire avec des mots, mais, au mieux, cela nous révèle une portée supérieure de la vie, détachée, mais faisant partie de l'être le plus profond de chacun de nous. Lorsque nous y répondons vraiment, une certaine vibration harmonieuse s'établit en nous qui nous accorde les uns aux autres, à la terre mère, à la mer éternelle et à ce monde plus vaste de soleils, d'étoiles et de planètes dont ils sont un. partie.

Rien ne meurt jamais. Ce que nous appelons la mort n'est qu'une transformation d'une forme de vie à une autre. Toute la musique qui a jamais existé résonne encore ; toute la musique qui doit être sommeille encore. La vie et la mort ne font qu'un et, dans le vrai sens du terme, l'univers entier est une chanson.

NOTE DE BAS DE PAGE:

[13] Je ne parle pas d'un enregistrement phonographique du solo de ténor de « L'Elisir d'Amore », ou quoi que ce soit de ce genre. Je veux dire quelque chose qui sera plus qu'un simple divertissement.